AFRONTAR LOS PROBLEMAS DE DISCIPLINA

Amat Editorial, sello editorial especializado en la publicación de temas que ayudan a qué tu vida sea cada día mejor. Con más de 400 títulos en catálogo, ofrece respuestas y soluciones en las temáticas:

- Educación y familia.
- Alimentación y nutrición.
- Salud y bienestar.
- Desarrollo y superación personal.
- Amor y pareja.
- Deporte, fitness y tiempo libre.
- Mente, cuerpo y espíritu.

E-books:
Todos los títulos disponibles en formato digital están en todas las plataformas del mundo de distribución de e-books.

Manténgase informado:
Únase al grupo de personas interesadas en recibir, de forma totalmente gratuita, información periódica, newsletters de nuestras publicaciones y novedades a través del QR:

Dónde seguirnos:

 | @amateditorial

 | Amat Editorial

Nuestro servicio de atención al cliente:
Teléfono: **+34 934 109 793**
E-mail: **info@profiteditorial.com**

DRA. PARVATHY PATHY
FIONA TAN
SHYON LOO

AFRONTAR LOS PROBLEMAS DE DISCIPLINA

Cómo poner LÍMITES a nuestros
hijos para recuperar el RESPETO
y la CONVIVENCIA en la familia

La edición original de esta obra ha sido publicada en lengua
inglesa por Marshall Cavendish Editions, bajo el título *Living with
Discipline Issues*, de Parvathy Pathy, Fiona Tan y Shyon Loo

© Parvathy Pathy, Fiona Tan y Shyon Loo, 2024
© Profit Editorial I., S.L., 2024
    Amat Editorial es un sello de Profit Editorial I., S.L.
    Travessera de Gràcia, 18-20, 6.º 2.ª. 08021 Barcelona

Diseño de cubierta: XicArt
Maquetación: Fotocomposición gama, sl

ISBN: 978-84-19870-02-5
Depósito legal: B 5756-2024
Primera edición: Abril de 2024

Impresión: Gráficas Rey
Impreso en España - *Printed in Spain*

ÍNDICE

*Dedicado a
todos los niños de la Clínica de Orientación Infantil
de Singapur y a sus padres*

PRÓLOGO

El tema de la disciplina me trae a la mente un dicho popular tamil que dice así: «Si no puedes doblegarlo a los cinco años, ¿podrás hacerlo a los cincuenta?». El proverbio destaca la importancia y la necesidad de disciplinar a un niño cuando es joven y más maleable para garantizar un buen resultado. Es más difícil educar al niño cuanto mayor es, tarea que resulta casi imposible en la edad adulta.

La crianza de los hijos es una de las tareas más importantes y complejas que afrontan los adultos a lo largo de su vida. Y una de las piedras angulares de la crianza es adoptar el enfoque más adecuado. Ser buenos padres significa equilibrar el amor incondicional al niño con una disciplina firme pero afectuosa cuando sea necesaria. A menudo, los progenitores intentan encontrar un equilibrio entre estos dos aspectos aparentemente contradictorios.

Las personas suelen aprender a ser padres responsables reflexionando sobre los planteamientos de sus propios padres, indagando sobre distintas estrategias de crianza y asistiendo a clases o hablando con amigos sobre las estrategias que mejor funcionan. Una crianza eficaz conduce a individuos bien adaptados, mientras que una crianza deficiente puede dar lugar a comportamientos problemáticos a lo largo de la vida. Así pues, es importante tomarse en serio la tarea de ser padres, del mismo modo que nos tomamos mucho tiempo, así como le dedicamos mucha reflexión y esfuerzo, a prepararnos para nuestra futura carrera profesional.

Creo que la mayoría de nosotros tendrá bastante éxito educando a los hijos. Sin embargo, a veces cometeremos errores. Lo más importante es que aprendamos y adquiramos conocimientos sobre lo que se consideran buenas prácticas de crianza y nos esforcemos al máximo. Al criar a nuestros hijos, tenemos que disciplinarlos, aunque nos resulte incómodo. Por lo tanto, tiene sentido que los padres aprendan a afrontar esta importante tarea con eficacia. Os aseguro que el proceso de educar no es tan difícil una vez que se comprende el proceso.

Dra. PARVATHY PATHY
Julio de 2015

INTRODUCCIÓN

Con la modernización y el progreso, la crianza de los hijos es cada vez más difícil y exigente. Para estar mejor preparados que nuestros padres, tenemos que esforzarnos por saber más sobre la crianza de los hijos, leyendo libros, asistiendo a seminarios y hablando con amigos u otros padres con experiencia y éxito en la educación de sus hijos.

Un tema habitual que despierta el interés de muchos padres en todo el mundo es cómo disciplinar a los hijos de forma eficaz.

Este libro espera darte algunas ideas y estrategias para disciplinar de manera eficaz a tu hijo, sea un niño pequeño o un adolescente. Tiene en cuenta las prácticas y los valores culturales más extendidos y trata de ofrecer una visión general de lo que es la disciplina y de cómo los padres o tutores pueden educar de forma eficaz pero cariñosa a los niños que tienen bajo su responsabilidad.

También da consejos específicos sobre cómo tratar problemas de comportamiento concretos que suelen inquietar a los padres preocupados de todo el mundo.

Se dedica un capítulo al tema del maltrato infantil, ya que es importante que los padres sepan lo que es para así evitarlo.

Además de los padres, otros adultos implicados en el cuidado y la educación de los niños se beneficiarán de la lectura de este libro. Por comodidad y economía del lenguaje, en el libro se hace referencia al niño en masculino.

¡Disfruta de la lectura! ¡Y disfruta de la crianza!

1

¿QUÉ ES LA DISCIPLINA?

La palabra *disciplina* procede del término latino *disciplinare*, que significa «enseñar o instruir». Alude a un método sistemático de enseñar y educar a los hijos para que se conviertan en personas competentes —con autocontrol y autonomía— que se preocupan por los demás.

¿QUIÉN DEBE ENCARGARSE?

El hogar y la familia es donde el niño recibe su primera formación sobre cómo debe comportarse en la sociedad. Es donde aprende las normas sociales, los valores y las conductas adecuadas. Los padres desempeñan un papel fundamental a la hora de guiar al niño por el buen camino, por lo que es esencialmente su deber y responsabilidad encargarse de ello. Afrontando esta tarea de manera adecuada y dándole al niño una buena dosis de amor incondicional, sus padres lo ayudan a sentar unas bases sólidas para que se convierta en un miembro de la sociedad con éxito social, personal y moral.

¿CUÁNDO SE DEBE EMPEZAR?

La disciplina debe ponerse en práctica cuando el niño aún es pequeño y, en consecuencia, más dócil y manejable. Los padres o tutores al cargo del niño deben ser sus primeros educadores. Otros actores, como la escuela, el Estado y la sociedad, desempeñarán su papel más adelante.

En algunos casos, cuando los hábitos negativos se han asumido y están firmemente establecidos, se hace más difícil modificarlos y la intervención correctiva de la escuela o del Estado puede ser bastante compleja y no tan eficaz como se desearía. Este es el caso de muchos delincuentes, tanto juveniles como ya adultos, que desacatan con frecuencia la ley.

Por lo tanto, todos los progenitores tienen que tomarse en serio su responsabilidad como padres y aprender a ejercer una disciplina eficaz cuando educan a sus hijos.

¿CÓMO DISCIPLINAR A UN NIÑO DE MANERA EFICAZ?

Para ejercer una disciplina eficaz en casa, los padres han de conocer la teoría y la práctica de las técnicas que mejor funcionan. Deben comprender que la disciplina eficaz no es en ningún caso un estilo cuartelario, exento de toda muestra de amor y cargado de medidas punitivas que los padres emplean para que sus hijos los teman y obedezcan.

La disciplina eficaz combina, por parte de los padres, firmeza y coherencia junto con comprensión, compasión y amor incondicional. El amor incondicional consiste en aceptar y querer al niño por lo que es, y no por lo que hace o deja de hacer. El amor incondicional de los padres también conlleva no dudar en corregir al niño cuando se desvía del camino correcto.

¿CUÁLES SON LAS CARACTERÍSTICAS DE UNA DISCIPLINA EFICAZ?

La disciplina eficaz exige cinco aspectos importantes:

- Un entorno en el que exista una relación positiva y de apoyo entre padres e hijos.
- Un entorno de seguridad, protección y estabilidad donde se establezcan normas adecuadas y razonables.
- Una estrategia para enseñar de manera sistemática y reforzar los comportamientos deseados.
- Una estrategia para reducir o eliminar comportamientos indeseados.
- La coherencia es la clave de una disciplina eficaz. No ser consecuente suele hacer que los niños se sientan confusos e inseguros. También es más fácil que los niños sigan las normas si sus padres se atienen a las que ya han establecido previamente. Los padres congruentes no ceden a la presión del niño para que se cambien las normas o las consecuencias que se han establecido con anterioridad.

¿POR QUÉ ES IMPORTANTE CREAR UN BUEN VÍNCULO ENTRE PADRES E HIJOS?

Una buena relación con tu hijo requiere tiempo y esfuerzo, pero la inversión merece la pena y durará toda la vida. La mayor prueba para una relación paternofilial sólida será aquella en la que debáis enfrentaros a momentos de estrés y crisis. El vínculo puede debilitarse temporalmente cuando tu hijo entra en la adolescencia e intenta forjarse su propia identidad y ser más independiente. Sin embargo, si la unión es fuerte, esta será un ancla en el sano desarrollo de tu hijo mientras se convierte en un adulto emocional y socialmente bien adaptado. Como padre, idealmente tendrás que empezar a construir el vínculo y los puentes de comunicación desde que tu hijo es pequeño, ya que suele ser más difícil cuanto mayor es. Sin embargo, aunque en ningún momento hayas tenido una buena relación con tu hijo, piensa que nunca es demasiado tarde. Aún es posible acercarte más a él si perseveras y no pierdes la paciencia ni la esperanza.

2

ESTRATEGIAS DE DISCIPLINA EFICACES

Una vez examinadas las características clave de una disciplina eficaz, analicemos más detenidamente cada una de las estrategias que entran en juego.

UNA RELACIÓN POSITIVA Y DE APOYO ENTRE PADRES E HIJOS

Para que nuestros esfuerzos sean eficaces, deben producirse en un entorno familiar en el que el niño se sienta amado, seguro y valorado. Como adultos, sabemos que queremos la aprobación de los demás, que nos aprecien y se preocupen por nosotros y por nuestros esfuerzos. Es más probable que intentemos dar lo mejor de nosotros mismos en un entorno en el que nos sentimos apreciados y aceptados. Lo mismo ocurre con los niños. Es más fácil que tu hijo te obedezca cuando te aprecia y considera importante obtener tu aprobación.

Una relación positiva entre padres e hijos refuerza el vínculo paternofilial y el sentimiento de autoestima y de propia aceptación del niño. Estos sentimientos y creencias positivos y apropiados sobre sí mismo aumentan la sensación de competencia del niño y lo llevan a dar lo mejor de él.

En este sentido, los padres que educan de manera adecuada y con éxito son cariñosos, pero muestran firmeza cuando surge la necesidad. Utilizan métodos de disciplina eficaces y positivos. No dudan en mostrar un amor incondicional por sus hijos. Al mismo tiempo, tampoco dudan en disciplinar al niño cuando sus acciones lo justifican, incluso cuando las medidas para ello puedan ser difíciles y desagradables tanto para los padres como para el niño.

Una disciplina eficaz no requiere métodos agresivos ni física o emocionalmente dañinos. Al final del día, a pesar de que sus padres se hayan mostrado disciplinados con él, el niño es capaz de darse cuenta de que lo siguen queriendo, aunque no hayan cedido a unas exigencias poco razonables o lo haya pasado mal en el proceso. Los padres deben dedicar tiempo y esfuerzo a mantener un vínculo paternofilial sano, aunque empleen medidas disciplinarias en el proceso. Ya sabemos que una relación sana entre progenitor e hijo es muy importante para criar a hijos emocionalmente equilibrados y disciplinados. Pero ¿cómo se logra? Veamos algunos consejos.

FORMAS DE ESTABLECER UNA RELACIÓN POSITIVA Y DE APOYO ENTRE PADRES E HIJOS

Hay muchas maneras de construir una relación positiva y de apoyo entre padres e hijos. Veamos cuáles son.

Dedica tiempo a hablar con tu hijo

Pasar tiempo de calidad juntos es esencial para establecer relaciones positivas con cualquier persona. Este es el primer paso importante para construir un vínculo positivo y de apoyo entre padres e hijos.

Dedícale tiempo a hablar con tu hijo, y no solo de sus deberes escolares. En muchos países del mundo, el rendimiento académico se considera muy importante y la mayoría de los padres trabajan. Es muy común que progenitores ocupados pasen el poco tiempo que tienen con su hijo intentando ayudarlo o supervisándole las tareas escolares. A veces, los padres acaban dedicando el poco tiempo que tienen a enfadarse con sus hijos porque no han hecho todos o parte de sus deberes.

No hay nada malo en querer supervisar los deberes del niño o ayudarlos con ellos. De hecho, suele ser una actividad necesaria en muchos hogares. Sin embargo, también es importante que se preste atención a las necesidades emocionales del niño. Cuando la interacción entre padres e hijos se centra únicamente en cuestiones académicas, se convierte en una relación parcial y el niño puede pensar que sus padres solo se preocupan por sus notas y sus logros. La situación empeora cuando discuten por los deberes. Para evitarlo, debes procurar mantener la calma cuando te relaciones con tu hijo.

Sigue guiando y ayudando a tu hijo con los deberes, pero hazlo con paciencia. Ahora bien, dedica tiempo asimismo a estar con él. Tu hijo disfrutará de tu compañía y atención y crecerá más feliz y socialmente equilibrado.

Una buena forma de comunicarse con los niños es participando con ellos en sus actividades de ocio. Por ejemplo, puedes fijarte en cómo tu hijo construye una torre con sus piezas de Lego y hablar de cómo lo ves mientras juega (puedes decirle: «Se te ve muy contento jugando a poner las piezas una encima de otra»). Al observar y reflejar los sentimientos de tu hijo y evitar criticar negativamente sus esfuerzos, le demuestras que comprendes sus sentimientos y que te interesas por lo que hace. Entre las actividades placenteras que puedes hacer con tu hijo están los juegos de mesa o de raqueta o los juegos interactivos de ordenador.

Asimismo, puedes llevarte a tu hijo a comer, sin sus hermanos, para prestarle atención individual. Si a tu hijo le gusta que le lean cuentos, leer juntos libros adecuados para su edad puede ser una buena idea. De nuevo, evita enseñarle a leer mejor o corregirle con dureza los errores que pueda cometer.

Hagáis lo que hagáis, procura que el tiempo que paséis juntos sea una experiencia agradable e interesante. Céntrate en disfrutar en compañía mutua de un rato en el que prime el cariño.

Atención positiva y aprobación

Presta a tu hijo una atención positiva y muéstrale aprobación con regularidad. Por ejemplo, cuando haga los deberes o comparta sus juguetes con un hermano sin necesidad de pedírselo, reconócele el esfuerzo que ha hecho. Cuando traiga un dibujo del colegio y te lo enseñe emocionado, dedica tiempo a mirarlo y comparte con él su alegría y su momento de orgullo. Estos pequeños gestos de atención y estímulo, que requieren un esfuerzo y un tiempo mínimos y no cuestan dinero, evitarán que tu hijo se porte mal inconscientemente para llamar tu atención.

Los niños que se sienten desatendidos pueden portarse mal para atraer la atención, aunque la respuesta que reciban sea negativa y tome la forma de una regañina, una reprimenda o incluso de violencia física. Se trata de un intento inconsciente del niño, que, como los adultos, tiene una necesidad innata de aprobación y consideración. A menudo, el niño no es consciente de que el motivo de su mal comportamiento es llamar la atención. Por lo tanto, no es adecuado pensar que un niño que se comporta así está siendo necesariamente manipulador y, por tanto, se le ha de castigar.

Muestra interés por su escuela y sus actividades

Demostrar interés por la escuela y lo que hace tu hijo fuera de ella puede ayudar a fortalecer tu relación con él. Invierte tiempo en hablar sobre el colegio, lo que le gusta y sus actividades de ocio. A veces, puedes intentar participar en algunas de ellas, como jugar un partido de tenis con él o verlo actuar en un concierto escolar.

Con los adolescentes, esta muestra de interés quizá deba modificarse, ya que a esa edad suelen preferir actuar de forma independiente. Sin embargo, sigue siendo posible construir una relación positiva y de apoyo con tu hijo adolescente a través de actividades que le interesen. Una vez más, debes evitar corregir los posibles errores que cometa, criticarle por los amigos que haya elegido o limitarte a hablar tan solo de sus deberes y resultados académicos.

Los conflictos entre padres e hijos suelen ser más frecuentes en la adolescencia, cuando el menor intenta forjar su propia identidad y anhela independencia. Puede que tengas que ser más flexible con tu hijo adolescente para ayudarlo a obedecer las normas —han de ser razonables— que le has impuesto. Sin embargo, mantente firme a fin de que tu hijo adolescente evite hábitos negativos, perjudiciales o antisociales, así como relaciones tóxicas con sus compañeros.

Con un adolescente, tendrás que escuchar más sus puntos de vista y deseos, y negociar normas y consecuencias por no cumplirlas. Por ejemplo, un joven de catorce años puede querer salir todas las semanas con sus amigos. Imagina que a ti te parece que solo debería hacerlo una vez al mes. En lugar de discutir, ambas partes deben hablar con calma y exponer sus deseos y puntos de vista. Se puede llegar a un acuerdo por el que, por ejemplo, el adolescente pueda salir una vez cada quince días. Sin embargo, debes hacerle saber que esperas que se comporte adecuadamente cuando lo haga y que ha de respetar la hora de vuelta a casa que le has fijado.

Este estilo de crianza firme pero abierto al diálogo reduce los conflictos entre padres e hijos adolescentes y, en general, es el que mejor funciona con los hijos en esta etapa de su vida.

Una rutina coherente y predecible

Una rutina coherente y predecible ayudará al niño a conocer mejor las expectativas de los padres y a atenerse a ellas. También reduce los conflictos innecesarios entre padres e hijos. La coherencia da al niño una sensación de seguridad que es esencial para que se convierta en un individuo emocional y socialmente sano.

Además de ser coherente con las normas y rutinas familiares, también debes establecer consecuencias razonables para las acciones de tu hijo en caso de que las incumpla. Las incongruencias en tu comportamiento como progenitor pueden crear inseguridad emocional y confusión en tu hijo.

Para establecer una relación positiva con tu hijo:

- Dedica tiempo a hablar con él.
- Préstale una atención positiva y aprobación de manera regular.
- Muestra interés por la escuela y sus actividades.
- Mantén una rutina coherente y predecible en casa.

REGLAS SENCILLAS PARA ESTABLECER NORMAS

Centrémonos ahora en la importancia de establecer normas bien definidas para que los niños las sigan en casa. Este es un requisito básico para una disciplina eficaz. Allí donde no hay normas, hay caos: en casa, en la oficina, en la escuela o en la sociedad. Por tanto, unas normas razonables estructuran y ordenan la vida. Lo mismo ocurre con los niños.

Establece solo unas pocas reglas adecuadas

Las normas que impongas a tu hijo no deben ser muy numerosas. Establece solo unas pocas que consideres importantes para tu familia. Estas normas deben enseñar al niño a respetarse a sí mismo y a los que lo rodean, y garantizar la seguridad y el bienestar de todos los miembros de la familia. No tomar cosas que no le pertenezcan sin permiso del dueño, informar a los padres si va a volver tarde del colegio o no pegarse con su hermano son solo algunas de las más básicas.

Evita establecer normas hasta para los pequeños detalles; esto puede hacer que el niño perciba una disciplina excesivamente rígida. Ten en cuenta que más normas significan más posibilidades de que el niño las incumpla. Esto puede crear tensiones innecesarias entre vosotros. Concéntrate en que tu hijo cumpla unas pocas, las más importantes o esenciales. Esto es mejor que obligarlo a cumplir demasiadas —podría tener dificultades para obedecerlas—, lo que provocaría conflictos innecesarios y empeoraría la relación paternofilial.

Establece normas razonables

Piensa en las normas que quieres que siga tu hijo. Procura que las que decidas sean adecuadas a su edad. Por ejemplo, no puede esperarse que un niño de dos años no moje en ningún caso la cama por la noche. El pleno control de la vejiga al dormir se alcanza a los cinco años en la mayoría de los casos. Por tanto, castigar a un niño de dos años por mojar la cama demuestra una falta de comprensión de las etapas normales de desarrollo. Del mismo modo, no se puede esperar que un niño de cinco años se quede quieto y haga los deberes durante más de veinte minutos seguidos. Es probable que a esa edad se muestre inquieto y desatienda después de un cuarto de hora o veinte minutos. Castigarlo por distraerse tras ese lapso no es razonable.

Revisa las normas a medida que el niño crezca. Por ejemplo, si tu hijo tenía que acostarse a las nueve de la noche cuando estaba en primaria, no esperes que se vaya a la cama a la misma hora cuando tenga quince años.

Así que no lo culpes si estableces normas poco razonables y no las cumple. La regla de oro a la hora de establecerlas es tener en todo momento presente la edad del niño.

Infórmale de las normas
Si quieres que un niño obedezca lo que le has impuesto, primero tienes que hacerle saber de qué se trata. Déjale claras las normas desde el principio. Sé tajante sobre lo que quieres que tu hijo obedezca y las consecuencias a las que tendrá que enfrentarse si no lo cumple. Si tú mismo no estás seguro, ¿cómo quieres que tu hijo sepa lo que se espera de él?

Sé coherente con las normas y las consecuencias de obedecerlas o desobedecerlas. Por ejemplo, si tiene que lavarse las manos después de ir al baño, explícaselo de manera clara. No lo regañes si un día no lo hace y luego le permitas hacerlo en otra ocasión. Si no eres congruente con lo que esperas de tu hijo y las consecuencias de desobedecer las normas, puede resultarle bastante confuso y complicado de seguir.

Consecuencias por desobedecer
Una vez que el niño conoce las normas que debe acatar, hazle saber las consecuencias si no las cumple.

Cuando un niño obedece una norma, puedes fomentar su comportamiento con una frase alentadora. Por ejemplo, si John guarda los juguetes después de usarlos (como se le ha pedido), puedes decirle: «John, te has esforzado mucho guardando tus juguetes en orden. Me alegra verlo. Le has dado un buen ejemplo a tu hermana». Esta afirmación reconoce su esfuerzo por mostrar el comportamiento que se espera de él y lo ayuda a desarrollar la motivación para continuar por el buen camino y a apreciar sus propias capacidades.

Si, por el contrario, se muestra reacio a guardarlos, puedes decirle: «John, si no recoges los juguetes, mañana no te dejaré jugar con ellos. Así que puedes elegir entre guardarlos hoy o no jugar con ellos mañana». De este modo, el niño recibe un mensaje claro: si desobedece, habrá una consecuencia desagradable, lo que lo animará a hacerte caso. Cuando hayas decidido una consecuencia razonable —que no afecte a su integridad—, cúmplela para que sepa que te tomas en serio su comportamiento.

Normas sobre el establecimiento de normas:
- Establece solo unas pocas y que sean adecuadas.
- Procura siempre que las normas sean razonables.
- Haz que tu hijo las conozca bien.
- Decide qué consecuencias se derivan de obedecerlas y desobedecerlas.

COMPORTAMIENTOS ACEPTABLES E INACEPTABLES

Un niño debe saber qué comportamientos son adecuados y cuáles no para evitar que siga sin querer estos últimos y, en consecuencia, se le castigue. El niño debe saber cuáles son las normas en casa, qué aceptan sus padres y qué desaprueban. Una vez más, recuerda establecer normas y expectativas adecuadas a la edad del niño.

Recompensa los buenos comportamientos

La palabra *disciplina* suele evocar la imagen de una persona de aspecto severo y con bastón que vela por que no se rompan las reglas. Sin embargo, *disciplina* también conlleva advertir y recompensar los comportamientos deseables, de modo que estos se alienten.

Algunos comportamientos adecuados pueden producirse de manera espontánea, a medida que el niño se desarrolla. Por ejemplo, cuando un niño de dos años aprende a comerse una galleta solo, sus padres pueden fomentar esta conducta elogiándolo por su esfuerzo. Otros, como los buenos hábitos de estudio y pedir permiso para salir, hay que enseñárselos. Los padres pueden ayudar dando ejemplo y guiando a sus hijos en lo que sea necesario.

Anima a tu hijo siempre que muestre un buen comportamiento. Por ejemplo, cuando John comparte un juguete con su hermana, puedes decirle: «John, eres muy generoso por compartirlo con tu hermana. Eso está muy bien. Me alegra que seas así». Esta reflexión ayudará al niño a hacerse valer y a apreciar sus capacidades. También le hará repetir el comportamiento positivo.

Acaba con los malos comportamientos

Son comportamientos indeseables:

- Los que ponen en peligro al propio niño o a otras personas.
- Aquellos que ignoran o van en contra de las expectativas y normas de los padres.
- Los que pasan por alto los derechos de los demás.
- Aquellos que van en contra de las reglas y normas sociales.

Robar, frecuentar malas compañías o volver a menudo a casa más tarde de lo acordado son solo algunos ejemplos. Para acabar con ellos hay que actuar de inmediato, sobre todo si revisten algún peligro para el niño. En este sentido, hay que explicarle por qué meter los dedos en un enchufe es arriesgado; tiene que entender por qué no debe volver a intentarlo.

Otras acciones pueden requerir de consecuencias que no gustarán al niño. Puede ser en forma de tiempo para pensar, retirada de privilegios o castigo. Por ejemplo, si tu hijo le pega a otro niño mientras juegan, aléjalo inmediatamente del grupo y déjalo sentado en una silla durante diez minutos. Antes de permitirle volver, recuérdale que solo podrá jugar con sus amigos si lo hace de manera pacífica. Si vuelve a incumplir la norma, recurre a dejarlo solo para que reflexione y vuelve a hacerlo las veces que sean necesarias, hasta que aprenda que solo puede jugar con sus amigos si no les pega.

UTILIZAR EL TIEMPO PARA PENSAR COMO HERRAMIENTA DISCIPLINARIA

Dejar al niño solo para que reflexione es un método muy popular para tratar el comportamiento inadecuado de los niños, sobre todo entre aquellos más díscolos. El objetivo es enseñarle a controlar mejor sus emociones e impulsos para que ni él ni las personas de su entorno salgan perjudicados.

El tiempo para pensar no es un castigo. Su finalidad es evitarle al niño que persista en un comportamiento que no debe tener. El único malestar que debe sentir es que se le deja de prestar atención.

Durante esos minutos, se obliga al niño a abandonar el lugar del conflicto y a pasar un tiempo a solas, lejos de los demás, antes de que su comportamiento negativo (rabietas, agresividad, etc.) vaya a más. Se supone que el niño debe permanecer en un lugar tranquilo para calmar sus emociones de enfado y poner fin al hábito negativo. Se le deja allí hasta que sus emociones estén bajo control. Cuando se ha calmado, se le permite volver con los demás o con la actividad que estuviera haciendo.

El tiempo para pensar es beneficioso también para el progenitor porque le permite alejarse de una situación de tensión con su hijo. Es una técnica útil para los padres que se agobian y enfadan cuando luchan por controlar sus emociones al enfrentarse a un niño difícil. A veces, el padre o la madre puede tomarse estos minutos para mantener bajo control su enfado. De este modo, se evita prestarle al niño una atención excesiva e innecesaria, ya que este podría estar utilizando su comportamiento de manera inconsciente para llamar la atención de sus padres.

Pautas para aplicar el tiempo de reflexión

Elige un lugar en el que tu hijo pueda pensar durante algunos minutos. Debe estar alejado de la escena del conflicto y de la atención de la gente. Un rincón tranquilo de la habitación del menor es un buen sitio. En algunos casos, puede ser mejor dejarlo en una habitación vacía, sobre todo si tiende a jugar con los objetos que encuentra. No debe considerar la medida un tiempo de diversión. Debe ser un momento y un lugar para que el niño se calme y reflexione sobre su comportamiento.

Decide la duración. Normalmente debe ser de un minuto por cada año que tiene el niño. Sin embargo, si se calma antes del tiempo asignado, se le puede permitir volver.

Explícale los motivos y las normas de la medida. Habla de ello incluso antes de empezar a utilizar esta herramienta disciplinaria.

Asegúrate de que el lugar donde el niño reflexiona es seguro. No puede haber ventanas sin rejas ni objetos peligrosos con los que pueda hacerse daño. La puerta no debe estar cerrada con llave, a menos que el niño sepa cómo abrirla.

Cuando se obliga al niño a retirarse a pensar a un sitio tranquilo, puede que al principio llore y grite. Con el tiempo, lo esperable es que se calme. Debe saber que se pretende que permanezca allí hasta que se haya tranquilizado.

Si el niño sale de la habitación antes de haberse calmado, mantente firme con él. Llévalo tranquilamente de vuelta a la habitación. Dile de manera sosegada que solo podrá salir cuando se haya calmado. No le grites ni lo regañes, ya que podrías prestarle una atención injustificada.

Cuando termine el tiempo que hayas decidido, no llames su atención hablando de lo que ha ocurrido.

CONSECUENCIAS LÓGICAS

A veces, el mal comportamiento puede corregirse haciendo que el niño se enfrente a las consecuencias lógicas que se derivan de su conducta. No es necesario regañar o pegarle para que obedezca.

¿Qué es una consecuencia lógica? Una consecuencia lógica es el resultado natural de una elección, buena o mala. Una persona aprende que una consecuencia negativa es el resultado de su propia acción u omisión. Dejar que un niño aprenda de ellas es mejor que pegarle para que obedezca. Un progenitor que permite a su hijo enfrentarse a una consecuencia por su mal comportamiento tiene más probabilidades de conseguir que coopere en el futuro que uno sobreprotector que evita que su hijo afronte las consecuencias de una acción o inacción. Al hacer las cosas por él, no le deja aprender.

Cuando a un niño se le permite experimentar una consecuencia por su comportamiento, desarrolla el sentido de la responsabilidad y la autodisciplina al tiempo que está más motivado para obedecer las normas. El padre o la madre que está dispuesto a dejar que esta dinámica entre en juego, siempre que la seguridad del niño no esté en peligro, pasa a ser un socio que anima al niño a convertirse en una persona responsable.

ESTUDIO DE CASO

Mingli se niega a seguir el consejo de su madre de llevarse un paraguas cuando sale aquellos días que parece que va a llover. A la señora Tan le preocupa que su hija se resfríe si se moja por la lluvia y también que llegue tarde a casa, así como que no pueda hacer los deberes e incluso que se pierda su programa de televisión favorito si la joven se ve obligada a esperar a que escampe.

Pero Mingli se niega a dar su brazo a torcer. Piensa que sus amigos, también adolescentes, se reirán de ella si la ven con un paraguas. Llevar paraguas no es guay. Además, Mingli quiere demostrarle a su madre que es ella la que manda.

La última vez que salió sin paraguas, la lluvia arreció y Mingli tuvo que refugiarse en una parada de autobús. Parecía que no iba a parar de llover. Mingli se dio cuenta horrorizada de que se perdería su programa de televisión favorito. Sacó el móvil y llamó a casa. Aunque la parada del autobús estaba lejos, la señora Tan condujo bajo una lluvia torrencial para recoger a su hija. Mingli no se resfrió y pudo ver la televisión. También tuvo tiempo de hacer los deberes.

No era la primera vez que la señora Tan *rescataba* a su hija. ¿La decisión de la madre ayuda a Mingli a ser una persona responsable? ¿Estará siempre ahí para sacarle las castañas del fuego? Al aceptar ayudarla y salvarla de las consecuencias negativas (no llevarse un paraguas cuando parece que va a llover), la señora Tan está haciendo que su hija no se haga responsable de sí misma.

ESTUDIO DE CASO

La hija de la señora Chan, Dawn, a veces puede ser tan terca como Mingli. La señora Chan es una madre tan cariñosa como la señora Tan. En cambio, sabe que Dawn tiene que aprender disciplina y responsabilidad, aunque para ello tenga que ser firme con ella.

Al igual que Mingli, Dawn se niega a llevar paraguas incluso cuando parece que va a producirse una tormenta de manera inminente. Sin embargo, la última vez que ocurrió y empezó a llover a cántaros, la señora Chan se negó a recoger a Dawn en la parada del autobús. Dawn tuvo que esperar a que dejara de llover para volver a casa. Se perdió un programa de televisión que tenía muchas ganas de ver. Tampoco pudo terminar los deberes y la castigaron por ello.

Como la señora Chan no fue a buscar a su hija, Dawn aprendió rápidamente que habría una consecuencia lógica desagradable si no cumplía ciertas normas. Al negarse a sobreproteger a Dawn, la señora Chan la ayudó a desarrollar un sentido de la responsabilidad, a diferencia del caso de Mingli.

AZOTES: ¿SÍ O NO?

En muchas culturas y durante siglos, los padres y las madres han recurrido a menudo a los azotes como método para disciplinar a sus hijos. Incluso en el mundo actual, los azotes son en muchos lugares una herramienta común que se usa para educar. ¿Este uso extendido la convierte en una herramienta adecuada? ¿Deberíamos seguir utilizándola? En caso afirmativo, ¿cómo hacerlo en su justa medida, sin consecuencias negativas para el niño?

Por azote se entiende el golpe que, sin causar lesiones, se le da a un niño con la mano abierta en las nalgas, las piernas o los brazos con la intención de modificar su comportamiento. Es común que quienes se encargan de la educación de los niños lo utilicen para disciplinarlos.

Sin embargo, no es en modo alguno un método aconsejable, ya que existe un alto riesgo de lesionar física o emocionalmente al niño, sobre todo si acaba siendo un método habitual. La línea que separa los azotes del maltrato infantil es muy fina. No es difícil cruzarla y convertirse en un maltratador del propio hijo.

Por qué los azotes no son un buen método de disciplina
Aunque los azotes pueden detener de inmediato un comportamiento indeseable, su eficacia va disminuyendo con el uso. Con cada azotaina, la capacidad del castigo para detener el comportamiento negativo se reduce, de modo que se va requiriendo más fuerza física para producir el mismo efecto inicial. Cada vez son más los detractores de esta práctica, que puede acabar siendo potencialmente insegura.

El maltrato infantil, esto es, cuando un niño resulta herido por una acción deliberada por parte de un adulto, puede producirse fácilmente si se recurre con frecuencia a los azotes como método de disciplina. Algunos niños han resultado gravemente heridos cuando sus padres han recurrido a los azotes. Ha habido casos incluso de fallecimiento. El riesgo es mayor cuando el adulto, que subestima la fuerza que tiene, arremete contra un niño en un momento de ira.

He aquí algunas razones concretas por las que los azotes no son un buen método de disciplina:

- Los azotes, especialmente si son severos o muy habituales, pueden provocar problemas en la relación paternofilial. El niño se siente avergonzado, enfadado y resentido, y puede mostrar dificultades para relacionarse de forma positiva con el progenitor. El niño empieza a verlo como un obseso irrazonable de la disciplina.

- Pueden hacer que el niño reaccione de forma agresiva hacia el progenitor (en defensa propia o por ira). Esto puede agravar aún más la relación negativa entre ellos.
- Los azotes pueden hacer que el niño se convenza de que el comportamiento agresivo es una forma de solución razonable ante los conflictos, por ejemplo, con sus compañeros. Esto conduce a importantes problemas a la hora de relacionarse con los demás.
- Continuar con la disciplina se hace más difícil cuando el niño entra en la adolescencia, pues ya no se le puede azotar a esa edad por su tamaño.
- Diversos estudios han demostrado que los niños sometidos a azotes severos y frecuentes tienen más probabilidades de convertirse en adultos que maltratan a su cónyuge, a sus hijos y a otras personas.
- Los azotes no enseñan al niño a comportarse en una situación determinada. Esto se ha de hacer a través de los comportamientos positivos y apropiados que demuestra el niño y que, llegado el momento, deben reforzarse mediante elogios y estímulos positivos. Estos reconocimientos generan en el niño un buen sentimiento de autoestima y de que es capaz de actuar como se espera de él.

¿LOS AZOTES PODRÍAN ESTAR JUSTIFICADOS?

Como hemos apuntado, dar azotes no es una forma recomendada ni eficaz de disciplinar regularmente a los niños, ya que podría tener efectos negativos.

Sin embargo, en raras ocasiones puede ser una medida aceptable, en concreto, ante un comportamiento extremo que represente un peligro para sí mismo o para los demás. Es el caso, por ejemplo, del niño pequeño que juega repetidamente con fuego o con un enchufe. Este tipo de correctivo se denomina azote disciplinario y su propósito es enseñar al niño que ese comportamiento concreto es completamente inaceptable. En este caso, los azotes no deben infligir lesiones ni provocar herida alguna.

Es importante recordar que, si recurres a los azotes como medida disciplinaria, no lo hagas en un momento de ira. Si estás enfadado, sin querer podrías golpear a tu hijo y herirlo.

Recuerda lo siguiente si finalmente decides darle algún azote:

- Antes que nada, cálmate.
- Limita el castigo a uno o dos golpes.
- Hazlo en la palma de la mano o las nalgas, ya que estos lugares son más blandos que otros.
- No utilices los azotes como último recurso, ya que esto implica que estás desesperado y es probable que tus emociones de ira estén a flor de piel. Esto puede dar lugar a un castigo incontrolado y tu hijo podría resultar herido.

3

PREGUNTAS FRECUENTES SOBRE LA DISCIPLINA

La disciplina ayuda al niño a tener autocontrol, a aprender a respetar los derechos de los demás y a preocuparse por ellos, a aprender las reglas que rigen en la sociedad y a fijarse objetivos que merezcan la pena. La disciplina lo ayuda a esforzarse por alcanzar sus objetivos sin lesionar los derechos de los demás.

Esta sección responde a algunas de las preguntas más habituales sobre disciplina. Hemos incluido asimismo otras relativas a adolescentes y niños hiperactivos.

DISCIPLINA SUENA A SEVERIDAD. ¿RECURRIR A ELLA NO PODRÍA SER POTENCIALMENTE PELIGROSO? ¿NO SE HA LLEGADO A MALTRATAR A ALGUNOS NIÑOS POR DISCIPLINA E INCLUSO SE HA PROVOCADO LA MUERTE EN ALGUNA OCASIÓN?

El objetivo de la disciplina es ayudar al niño que quieres y cuidas a convertirse en un adulto equilibrado. A menudo, la gente confunde el castigo físico con una disciplina adecuada. El castigo, especialmente el físico, es una forma de disciplina. Sin embargo, este no debe fomentarse, ya que puede llegar a ser peligroso si el adulto pierde el control. Lo que debemos tener en cuenta es que la disciplina no es solo castigar físicamente para conseguir que el niño obedezca. Como estamos viendo, hay formas más seguras y eficaces de conseguirlo.

¿POR QUÉ SE OPONEN LOS EXPERTOS AL USO DEL CASTIGO FÍSICO COMO MÉTODO DISCIPLINARIO?

El castigo físico puede provocar lesiones graves o permanentes, incluso la muerte. Un buen número de casos de presunto maltrato infantil que atendemos en la Clínica de Orientación Infantil o en el Servicio de Protección del Menor de Singapur son el resultado de padres que administran castigos físicos severos para tratar de corregir a sus hijos. Estos padres acaban golpeándolos más allá de lo que pretendían. Además de causarles lesiones, los azotes frecuentes e incontrolados pueden dejar secuelas emocionales en el niño.

El castigo físico excesivo y severo puede hacer que un niño ya de por sí difícil y que se enfada con facilidad se vuelva más agresivo, pues aprende a relacionar pegar con enfado. Así, modela su comportamiento según el de los adultos y racionaliza que, si un adulto puede pegarle cuando está enfadado, está bien que él pegue a los demás si se enfada con ellos.

El castigo físico severo también puede hacer que el niño se resienta, enfade y avergüence. Puede afectar negativamente a su estado emocional y a su autoestima. A resultas de un miedo crónico, algunos de estos niños a los que han golpeado se vuelven tímidos, temerosos, poco asertivos y sumisos, y pueden desarrollar ansiedad.

El castigo físico, en caso de recurrir a él, debe administrarse con moderación y solo como recurso extremo. Ahora bien, nunca en un momento de rabia. La rabia ciega de un adulto puede herir al niño física y emocionalmente, cuando no algo peor. Siempre es más recomendable utilizar métodos no agresivos para educar.

¿CUÁL ES UNA BUENA FORMA DE DISCIPLINA?

Para educar bien a tu hijo con disciplina, ten en cuenta las tres pautas siguientes:

Establece normas y posibles consecuencias claras
Por ejemplo, antes de que tu hijo salga con los amigos, hazle saber que tiene que pedirte permiso y que debe volver a casa antes de una hora estipulada. Sin normas claras, el niño no sabrá con certeza cómo debe actuar. Entonces puede mostrar un comportamiento inadecuado y meterse en problemas. El niño puede incluso alegar que no ha desobedecido a sus padres, pues no tenía claro qué debía hacer.

Asegúrate de que las normas y posibles consecuencias que le transmites son adecuadas y razonables para la edad de tu hijo. En caso contrario, tanto tú como tu hijo podéis frustraros y la relación puede verse dañada. Esto, a su vez, puede minar la autoestima del niño, provocarle sentimientos de inferioridad y hacer que rinda menos.

Las normas para los adolescentes podrían tener que negociarse. En esta edad de rebeldía es más probable que un enfoque que permita llegar a un acuerdo anime al adolescente a cooperar contigo. Sin embargo, pon algunas líneas rojas, como fumar o consumir otras drogas.

Deja claras las consecuencias de desobedecer las normas
Las consecuencias por desobedecerte no deben perjudicar al niño. Pero han de ser lo bastante categóricas como para

hacer que respete las normas. Una vez decidida una consecuencia razonable por desobedecer una norma, aplícala cuando el niño la incumpla. Mantente firme a la hora de aplicarla, aunque tu hijo se queje o te presione para que cambies de opinión.

Cuando se enfrenta a ella, el niño puede mostrar enfado o disgusto. Cuando el niño se tranquilice y tú también estés calmado, dile de manera sosegada que comprendes cómo se siente y que lo sigues queriendo aunque le hayas hecho afrontar la consecuencia de desobedecerte. Un niño necesita saber que sus padres lo quieren pese a su comportamiento negativo. Para un niño pequeño, un abrazo puede mostrarle que lo quieres y que siempre estás ahí, aunque haya experimentado sentimientos negativos por tu parte.

Determina la causa

Antes de imponer lo que hayas decidido por infringir la norma, hay que determinar si el niño lo ha hecho de manera deliberada o sin querer. Por ejemplo, si un niño no guarda la bicicleta después de salir a dar una vuelta, averigua si lo ha hecho deliberadamente o si se le olvidó hacerlo en un momento de prisa o emoción. Si no lo ha hecho a propósito, bastará con advertirle y recordarle que se comporte mejor en el futuro. Sin embargo, si estás seguro de que no la ha guardado para desafiarte, puedes imponerle una consecuencia negativa. Eso sí, asegúrate de que no sea excesiva.

¿ES PERJUDICIAL PARA LOS NIÑOS MOSTRARLES AMOR EN EXCESO? ¿Y UN AMOR QUE DEPENDE DE CÓMO SE COMPORTE?

El amor siempre es positivo, para cualquiera. Demasiado amor —un amor incondicional— no malcría a ningún niño.

Malcriar a un hijo significa mimarlo en todo momento y tratarlo como a un emperador, lo que implica ceder a sus exigencias, por irrazonables o perjudiciales que sean. Un progenitor que malcría no impone límites razonables. Un padre o madre así no disciplina a un hijo que ha obrado mal, lo que puede acabar perjudicando al menor.

El amor con condiciones alude a aquel que depende de que el niño haga ciertas cosas o se comporte de una manera determinada. Esto crea inseguridad y tensión en el niño cuando busca el amor de sus padres. El amor condicional puede causar dificultades emocionales y de comportamiento cuando el niño percibe que no puede estar a la altura de las expectativas de sus padres.

A los niños hay que darles amor incondicional a pesar de sus defectos, debilidades y fracasos. Esto significa quererlo a pesar de todo, incluido su mal comportamiento, y corregirlo cuando sea necesario.

A MI HIJO DE TRES AÑOS LE PERMITO QUE HAGA LO QUE QUIERA, YA QUE ES PEQUEÑO Y NUNCA MÁS VOLVERÁ A SERLO. SIN EMBARGO, SU PROFESORA ME HA DICHO QUE LE PONGA LÍMITES

Es cierto que al niño debe permitírsele explorar el mundo que lo rodea, pues es su forma de aprender sobre él. Sin embargo, es una tarea que no debe hacerse a expensas del bienestar o la seguridad del propio niño o de los demás. Si realmente nos preocupamos por él y queremos que se convierta en una persona socialmente bien adaptada y empática, tenemos que intervenir cuando muestre comportamientos nocivos o socialmente perjudiciales. Por ejemplo, es natural que un niño de tres años tome un juguete que le gusta. Pero eso no significa que se le deba permitir. Tiene que aprender pronto que debe respetar a los demás. De lo contrario, podría tener problemas de por vida para relacionarse adecuadamente en sociedad.

Poner límites adecuados puede no ser agradable ni para ti ni para tu hijo. Sin embargo, debes tener presente su bienestar a largo plazo y educarlo en la disciplina cuando sea necesario. Resulta más difícil corregir un comportamiento agresivo o inadecuado cuando se consolida. Asegúrate asimismo de que tu método disciplinario no se basa en el castigo físico.

MIS PADRES FUERON MUY SEVEROS CONMIGO. SU PALABRA ERA LEY. CRECÍ TEMIÉNDOLOS Y ME JURÉ NO EDUCAR A MIS HIJOS DE LA MISMA MANERA. PERO TAMPOCO QUIERO SER UNA MADRE PERMISIVA. ¿QUÉ DEBO HACER?

Existen cuatro estilos básicos de crianza: autoritario (dar órdenes), permisivo (ceder ante el niño), democrático (orientar) y negligente.

El estilo autoritario de crianza
El progenitor autoritario exige obediencia absoluta y utiliza métodos punitivos de disciplina. Esta forma de crianza se suele vivir en un hogar rígido y falto de amor, en el que el niño:

- Vive con miedo al castigo constante.
- No puede, porque no se le permite, tomar decisiones y desarrollar su creatividad.
- Vive en una situación de total humillación ante la dominación parental.

Un niño al que crían unos padres autoritarios puede crecer mostrándose obediente. Sin embargo, no es extraño que desarrolle amargura o resentimiento hacia la autoridad o que acabe siendo tímido y dependiente de los demás. Algunos niños pueden incluso volverse más rebeldes y desafiantes, y acabar siendo adultos dominantes y de trato difícil. Cuando son padres, es fácil que su estilo de crianza sea el mismo que el de sus propios padres. También pueden mostrar una baja autoestima, dificultades en las habilidades sociales e infelicidad.

El estilo permisivo de crianza

Esta forma de crianza es igualmente malsana. El padre o madre permisivo es laxo y condescendiente en exceso con sus hijos. Les permite que hagan lo que quieran, aunque su comportamiento sea perjudicial, moral o socialmente inaceptable. Se caracteriza por la falta de supervisión y control de los hijos. A menudo, a los niños no se les corrige cuando se portan mal.

Los padres permisivos pueden llegar a indignarse cuando otras personas, como las autoridades escolares, castigan a su hijo por un mal comportamiento evidente. No es de extrañar que muchos delincuentes juveniles tengan padres que responden a este estilo de crianza.

La paternidad permisiva puede hacer que un niño crezca sin la disciplina necesaria. Es menos probable que trate a los demás con respeto e interés. Puede incluso cometer actos perjudiciales para sí mismo, como seguir una conducta de promiscuidad sexual o consumir alcohol y otras drogas, ya que nunca se le ha enseñado a controlar sus impulsos. Al final, los padres permisivos crean graves problemas no solo para sí mismos, sino también para sus hijos y los demás.

El estilo democrático de crianza

El progenitor que sigue este estilo se esfuerza por encontrar un equilibrio entre los límites que impone —junto con unas consecuencias razonables por traspasarlos— y el amor incondicional al niño. Colma a su hijo de amor, consuelo y cuidados, y lo elogia y anima cuando es oportuno. También entiende a su hijo y lo respeta como ser humano, establece normas y expectativas razonables para él, nunca deja de corregirlo cuando es necesario y lo supervisa y vigila, asegurándose de que se comporta bien y forma parte del grupo de amigos adecuado.

Sin embargo, es igualmente flexible y le da al niño un nivel razonable de independencia y libertad. Habla de los problemas con su hijo, escucha su punto de vista y le permite colaborar en la toma de decisiones que lo afectan. Pero en todo momento el progenitor sigue siendo la autoridad final en la familia. Le explica a su hijo las razones de ciertas normas y expectativas familiares. Este estilo de crianza es el preferido de los expertos, sobre todo para los adolescentes. El hijo de un progenitor con un estilo de crianza democrático tiene más probabilidades de crecer mental y socialmente equilibrado y responsable.

El estilo negligente de crianza

Algunos progenitores muestran incoherencias al criar a sus hijos. Estos padres pueden establecer límites firmes y, al mismo tiempo, acabar cediendo en la misma cuestión. El niño, que recibe señales y mensajes contradictorios, no tiene claras las normas y expectativas de sus padres y se siente confuso sobre qué comportamientos se esperan de él. Inseguro sobre lo que es un buen comportamiento o uno malo, el niño puede acabar siendo, sin darse cuenta, desobediente con sus padres.

MI HIJO DE CINCO AÑOS SABE QUE TIENE PROHIBIDO TOCAR CIERTOS OBJETOS DE LA CASA. A VECES INTENTA METER EL DEDO EN EL ENCHUFE. CUANDO LO HACE, NOS MIRA Y SONRÍE AUNQUE LE GRITEMOS. TENGO LA IMPRESIÓN DE QUE NOS DESAFÍA DELIBERADAMENTE. TENGO LA TENTACIÓN DE DARLE UN AZOTE. ¿HAGO BIEN?

Parece que tu hijo te desafía abiertamente. En este caso, tienes que actuar con rapidez y decisión porque las consecuencias pueden ser peligrosas. Mírale a los ojos y dile con firmeza: «¡Para! No toques eso». No lo sermonees por su mal comportamiento, ya que podrías estar dándole sin querer la atención que busca. Aunque un sermón es para el niño una respuesta negativa, algunos niños (sobre todo los que no reciben atención cuando están callados o se portan bien) pueden preferirlo a no recibir ninguna atención. Demuéstrale a tu hijo que, como progenitor, eres quien manda y que no vas a consentir que se te desafíe voluntariamente, sobre todo si eso va a perjudicarle a él o a alguien de su entorno. Tu hijo tiene que aprender a respetarte desde que es pequeño. De lo contrario, le resultará más difícil obedecerte cuando sea un adolescente con ansias de independencia.

ME CUESTA MÁS NO CEDER A LAS EXIGENCIAS DE MI HIJO CUANDO VOMITA Y LLORA A MOCO TENDIDO, SOBRE TODO EN PÚBLICO. ¿QUÉ DEBO HACER?

Cuando un niño tiene una rabieta, es importante examinar la situación y averiguar el motivo. Puedes plantearte las siguientes preguntas:

- ¿Está pidiendo algo razonable?
- ¿Está cansado, tiene hambre o le duele algo?
- ¿Está enfermo?

Si tu hijo está cansado (quizá porque es tarde y lleváis horas de compras) y quiere que lo lleves en brazos, acepta y hazlo. Si tiene hambre y se acerca la hora de comer, consíguele algo de comida. El problema puede resolverse de esta manera.

Si, por el contrario, tu hijo acaba de tomarse su segundo helado, te pide uno más y tú crees que no debe tomarse otro, sé firme con él, aunque llore y a ti te dé vergüenza que todo el mundo os esté mirando. Si no te mantienes en tus trece, tu hijo sabrá que accederás a sus peticiones cuando tenga una rabieta en público, aunque seas firme con él en casa. Si insistes en no dar tu brazo a torcer, tu hijo captará el mensaje de que no puede salirse con la suya con una rabieta, independientemente de donde se encuentre.

Si te avergüenza la reacción de tu hijo y te tienta ceder a sus exigencias, recuerda que no debes hacerlo, precisamente por su bien. Si no está enfermo, que vomite un poco durante una rabieta no es algo de lo que debas preocuparte.

MIS DOS HIJOS PEQUEÑOS SIEMPRE SE PELEAN POR LOS JUGUETES, AUNQUE CADA UNO TIENE MÁS QUE SUFICIENTES. A VECES SE ALTERAN TANTO QUE ME DAN GANAS DE GRITARLES Y DARLES UN AZOTE. ¿QUÉ DEBO HACER?

Es importante que mantengas la calma y no arremetas contra tus hijos con ira, ya que puede ser peligroso y desagradable para todos. Además, hacerlo les daría a los niños una impresión equivocada de cómo hay que afrontar las emociones negativas o los conflictos entre las personas.

Lo mejor es animar a los niños a compartir el juguete o a que jueguen con él por turnos. Distraer a los niños pequeños con otros juguetes o actividades a veces funciona. En caso contrario, diles con calma que, si no cooperan, les acabarás quitando el juguete. Después de advertirles, llegado el caso haz lo que has dicho para que se den cuenta de que hablabas en serio. Si tienen una rabieta al quitárselo, continúa en tu papel con tranquilidad y el enfado cesará.

A veces, dirigir a los hijos con serenidad a un rincón o a una habitación para que se calmen puede ser útil. Cuando se hayan tranquilizado, haz que vuelvan contigo. Entonces puedes hablar con ellos sobre cómo manejar mejor una situación similar cuando se produzca en el futuro.

Siempre que veas que tus hijos se comportan adecuadamente, díselo. Exprésales con palabras lo que se espera de su comportamiento. Por ejemplo, puede decirles: «Vaya, os habéis esforzado mucho al compartir los juguetes y jugar bien entre vosotros. Habéis sido muy amables y generosos el uno con el otro». Este enfoque los animará a comportarse de forma positiva.

ME HE DADO CUENTA DE QUE AGUANTO SIN PROBLEMAS LAS RABIETAS DE MI HIJO DE CUATRO AÑOS SI NO ESTOY CANSADA. PERO, CUANDO ESTOY AGOTADA DESPUÉS DE UN DÍA DE TRABAJO Y ÉL NO PARA, NO PUEDO. ¿CÓMO HAGO PARA MANTENERME FIRME?

No es fácil manejar a un niño llorón, sobre todo cuando estás muy cansado. Pero es importante que seas firme con él y no cedas a sus demandas, en especial si son poco razonables. De lo contrario, animarás sin querer a tu hijo a seguir con las rabietas.

Una de las peores maneras de criar a los hijos es siendo incoherente en nuestras reacciones. Los estudios han demostrado que los niños se ven afectados de manera negativa cuando sus padres son incoherentes en su enfoque disciplinario si se los compara con aquellos cuyos padres son autoritarios o permisivos.

Al principio te costará mantenerte firme cuando estés cansada y el niño no pare de gritar. Sin embargo, si logras aguantar, las rabietas del niño irán remitiendo y terminarán por desaparecer.

A veces, puede que necesites tomarte unos minutos a solas. Si es así, pídele a tu pareja que se haga cargo mientras tú vas a tu habitación a calmarte. En todo caso, asegúrate de que tu pareja se mantiene firme y tranquilo y no cede ante la rabieta de tu hijo.

SUELO CONTROLAR LAS RABIETAS DE MI HIJA DE CINCO AÑOS SIN PROBLEMA, PERO MI MARIDO DICE QUE SOY DEMASIADO DURA. DE HECHO, CUANDO SOY FIRME CON ELLA, ÉL SE COMPADECE Y CEDE A SUS EXIGENCIAS. ¿QUÉ OPINAS DE ESTA SITUACIÓN?

En primer lugar, pregúntate sinceramente si tu hija demanda algo razonable. Si es así, concédeselo. Pero, en caso contrario, mantente firme con ella y no cedas a sus demandas. Es importante que tanto tú como tu marido os pongáis de acuerdo en cómo tratarla. Tu hija se confundirá si tú dices no y tu marido sí ante sus exigencias. Si le transmitís mensajes contradictorios, aprenderá que lo único que tiene que hacer para salirse con la suya es enfrentar a sus padres.

Mi hijo de ocho años juega hasta tarde y luego me dice que tiene que terminar los deberes. Se acaba convirtiendo en una carrera loca para que los haga. A menudo acabo estresada y gritándole. No para de llorar y hace trabajos chapuceros que enfadan a su profesor. Odio lo que está pasando porque quiero ser una buena madre. ¿Qué puedo hacer para que haga los deberes en condiciones?

Se trata de un problema común en muchos hogares. Es importante que los niños aprendan a hacer los deberes sin estresarse ni estresar a sus padres. Siéntate con tu hijo y explícale lo desagradable que te resulta la escena de gritos y chillidos por la noche. Dile que lo quieres y que te preocupas por él y que, por eso, te gustaría que el día termine de una manera más agradable para todos.

Hazle saber que quieres que haga los deberes antes para que todos acabéis más contentos al final del día. Proponle que, tras terminarlos, haga algo que le guste, como ver sus dibujos animados favoritos o leer un cuento contigo. Mantente firme para que sepa que solo podrá hacer lo que le gusta después de cumplir con sus obligaciones escolares. No cedas, aunque tenga una rabieta. Fíjale un horario en el que tenga tiempo para jugar, descansar y hacer los deberes. Cuando termine los deberes según lo que hayáis establecido, reconóceselo, ya que eso lo animará a seguir comportándose bien.

Además, puedes crear un «programa de recompensas» por el que tu hijo recibirá una estrella o pegatina por cada tarea que haya completado correctamente. Estas estrellas pueden acumularse y cambiarse por recompensas más tangibles, como un bonito libro o un artículo de papelería. Esta recompensa tangible debe ser algo que le guste al niño. Sin embargo, no debe ser cara. Con el tiempo, las recompensas tangibles pueden ir desapareciendo y sustituirse por una sonrisa, un abrazo o un elogio.

Es importante que, antes de poner en marcha todas estas medidas, averigües si hay otras razones por las que tu hijo se resiste a hacer los deberes. Es posible que tenga dificultades de aprendizaje, como dislexia, que estén afectando a su capacidad para leer y comprender los materiales con los que trabaja. No se pueden descartar tampoco los problemas de atención, lo que puede estar dificultando enormemente que se pueda concentrar en los estudios. Los niños con déficit de atención (con hiperactividad o sin ella) suelen mostrar dificultades para quedarse quietos y concentrarse. Se distraen con facilidad. Además, es posible que tu hijo esté preocupado por lo que está ocurriendo en la escuela o en casa.

Averigua la razón subyacente y actúa en consecuencia. En caso de duda, acude a un psicólogo o a un psiquiatra infantil.

CUANDO MI HIJA DE DIEZ AÑOS SE ENFADA CONMIGO POR REGAÑARLA, ME GRITA: «¡TE ODIO!». ME SIENTO HERIDA CUANDO ME LO DICE. A VECES TENGO LA TENTACIÓN DE CEDER A SUS EXIGENCIAS. ¿QUÉ DEBO HACER CUANDO ME DICE ESO?

Sin duda duele oír a tu hijo decir: «¡Te odio!». Este comportamiento no debe fomentarse. Si es la primera vez que te lo dice, habla con ella cuando se haya calmado. Dile que comprendes que esté enfadada contigo por haberla regañado. Hazle saber que no hay problema en que se sienta disgustada por no salirse con la suya, pero que no debe decirte cosas que te hacen daño.

Explícale a tu hija que, aunque estés enfadada con ella, nunca le dirás cosas que la puedan herir. Hazle saber también que, cuando esté enfadada, puede hacerte saber cómo se siente y que la escucharás, siempre que lo que pretenda decirte no tenga como único objetivo hacerte daño. Puedes sugerirle que exprese su enfado golpeando un cojín grande o una almohada, o proponerle que intente calmarse dándose un baño relajante. Si tus normas y las consecuencias que impones por no cumplirlas son razonables, debes seguir regañándola cuando tengas que hacerlo, aunque no le guste. Siendo firme en su justa medida, la estarás ayudando a aprender lo que es un comportamiento adecuado y aceptable.

CONOZCO A ALGUNOS NIÑOS HIPERACTIVOS Y CON PROBLEMAS DE ATENCIÓN, LO QUE PLANTEA UNA SERIE DE PROBLEMAS PARA SUS PADRES Y PROFESORES. ¿QUÉ ES LA HIPERACTIVIDAD Y CÓMO ESTE TRASTORNO LOS HACE MÁS DIFÍCILES DE TRATAR?

En efecto, los niños hiperactivos plantean retos específicos a quienes los tratan. Sufren un trastorno de base biológica que se caracteriza por un aparente exceso de energía, falta de atención e impulsividad.

Al no ser capaces de estarse quietos, los niños hiperactivos suelen ser objeto de regañinas y castigos cuando han de permanecer sentados en silencio, como cuando deben hacer los deberes o escuchar a su profesor en clase. Debido al trastorno, estos niños pueden hacer tanto ruido que distraen y molestan a los demás a su alrededor.

Los niños con trastorno por déficit de atención con hiperactividad suelen ser impulsivos y acaban diciendo o haciendo lo que quieren sin pensar en las consecuencias. Debido a su impulsividad, pueden suponer un peligro para sí mismos o para los demás sin darse cuenta. Pueden cruzar la calle corriendo o golpear a otro niño que les arrebata su juguete.

Los niños hiperactivos suelen tener una capacidad de atención y concentración muy limitada, lo que a menudo les hace muy difícil sentarse y abordar sus deberes. Esto los lleva a que sus padres y profesores se enfaden con ellos.

Los padres y otros encargados de su educación han de entender que el comportamiento de un niño hiperactivo es el resultado de un trastorno de base biológica. No deben pensar que el niño se comporta así a propósito.

Un consejo para los progenitores de estos niños es que los lleven a un pediatra o psiquiatra infantil para que los evalúe e intervenga adecuadamente. A veces, puede ser necesaria una medicación específica para que se comporte como se espera y se centre en su trabajo.

¿CÓMO PUEDO EDUCAR A UN NIÑO HIPERACTIVO, SOBRE TODO CUANDO VA A HACER LAS TAREAS ESCOLARES?

Los principios básicos mencionados son válidos, pero puedes añadir estas técnicas adicionales cuando trates con un niño hiperactivo.

Divide las tareas en partes más manejables y haz pausas breves entre ellas

Cuando a un niño hiperactivo y con déficit de atención se le asigna un trabajo, especialmente una tarea que requiere gran concentración y esfuerzo mental, antes de nada piensa: «Es demasiado. No puedo hacerlo». Como le cuesta concentrarse, el niño se pone nervioso y desatiende.

Esto puede molestar a quien supervisa el trabajo del niño. En cambio, si la tarea se divide en partes manejables que puedan completarse en un intervalo de tiempo más corto, el menor se sentirá menos abrumado y más dispuesto a intentarlo.

Las pausas breves entre tarea y tarea le permitirán moverse un poco y lo ayudarán a concentrarse.

Elimina las distracciones del entorno

Como el niño hiperactivo y con déficit de atención tiende a evadirse fácilmente con todo tipo de estímulos, procura que haga sus tareas escolares en una zona con el mínimo de distracciones posible. Intenta sentarlo lejos de ventanas, puertas, ordenadores y otros elementos de la casa que puedan despistarlo. Preferiblemente, debe estudiar en una habitación tranquila, lejos del televisor o de posibles conversaciones. Reduce al mínimo el número de objetos en la mesa de estudio del niño, ya que también pueden distraerlo con facilidad.

Llama su atención

El niño suele distraerse y soñar despierto en mitad de lo que esté haciendo. Si lo sorprendes abstraído, intenta captar su atención estableciendo contacto visual mientras le hablas. Dale instrucciones breves y claras.

Para asegurarte de que tu hijo te ha escuchado, pídele que repita las instrucciones. Si es necesario, vuélvelas a decir con calma, después de asegurarte de que te presta atención. Cada poco tiempo, si vuelve a evadirse, puedes utilizar alguna señal no verbal, como un golpecito en el hombro o en su mesa, para llamar su atención.

Haz que gaste la energía extra

El niño hiperactivo tiene una energía ilimitada. Por eso, procura que gaste su energía extra en actividades físicas, como correr, una vez que haya terminado sus tareas escolares.

Ponte en su lugar

Recuerda que gran parte del comportamiento hiperactivo y de su falta de atención es de origen biológico, por lo que quien lo sufre tiene verdaderas dificultades para estarse quieto y concentrarse, sobre todo para afrontar tareas monótonas y que le aburren, como hacer los deberes. Si a tu hijo le cuesta hacer dos o tres ejercicios, no esperes que haga más antes de descansar. Redúcele la cantidad de trabajo o dale más tiempo para completarlo. En todo caso, tu hijo necesitará en todo momento normas claras, límites firmes y consecuencias en caso de que incumpla las normas.

Fíjate en sus fortalezas y elogia las pequeñas mejoras o éxitos

Los niños hiperactivos reciben constantemente comentarios negativos por no haber terminado los deberes, por las malas notas y otros aspectos. Esto puede mermarles la autoestima y confianza que tienen en sí mismos. Será útil que los padres y profesores del niño presten más atención a sus puntos fuertes y sus éxitos, ya que esto hace que el niño se sienta mejor con lo que afronta, aunque su rendimiento sea inferior al de sus compañeros. La valoración positiva del esfuerzo realizado ayuda a mejorar su autoestima y confianza en sí mismo. Esto lo motivará a esforzarse más para mejorar.

Para algunos niños hiperactivos y con déficit de atención cuyos problemas afectan de manera significativa a su rendimiento académico y a la esfera interpersonal y social, puede ser necesaria, además de determinadas intervenciones conductuales, una medicación para controlar los síntomas más problemáticos.

Mi hijo adolescente tiene catorce años y es de trato difícil. En cambio, de niño era un chico tranquilo y obediente. ¿Qué le puede estar pasando?

La adolescencia es un periodo difícil y turbulento tanto para el adolescente como para sus padres. Un adolescente tiene que hacer frente a su desarrollo físico y a los cambios propios de la etapa, además de a otros factores estresantes y retos tanto en casa como en el colegio. Los cambios hormonales, los brotes de acné, el vello facial, los problemas con los compañeros, los primeros amores y las tensiones académicas pueden hacer que un adolescente se sienta preocupado, incómodo y malhumorado. A veces, algunos llegan a deprimirse gravemente y a tener ideaciones suicidas.

Un adolescente se está adaptando a su madurez sexual. Está desarrollando su identidad sexual y experimenta un creciente interés por el sexo. Este proceso puede provocar una mayor tensión en el adolescente cuando intenta enfrentarse a las posibles complejidades de una relación romántica.

Un joven en esta etapa también está desarrollando su sentido de la identidad. Intenta descubrirse a sí mismo, sus gustos y aversiones, así como sus creencias, valores y ambiciones en la vida. Esta es una época en la que puede ser bastante idealista, lo que le hace chocar con los adultos, que tienen puntos de vista diferentes y a menudo se guían por cuestiones y preocupaciones prácticas.

Un adolescente trata de buscar cierta independencia de su familia. Quiere intimidad y suele preferir la compañía de sus amigos. Tiene sus propios valores, ideas y planes, y es probable que proteja su independencia con celo. Esto puede provocar conflictos con los padres, ya que percibe que intentan controlarlo.

Un adolescente intenta establecer relaciones con otros adolescentes y adultos de su vida. Al mismo tiempo, trata de comprender y controlar sus emociones e impulsos agresivos.

En medio de todos estos retos, también tiene que lidiar con el estrés y las exigencias de las tareas escolares y las actividades extracurriculares de la escuela. No es de extrañar que a veces el mundo le resulte abrumador y se muestre irritable. Por tanto, un chico despreocupado y de carácter dulce puede transformarse en un adolescente bastante difícil y desafiante.

Intenta ser comprensivo y paciente. Es probable que tu hijo adolescente supere esta fase. Sin embargo, sé firme con él cuando lo creas conveniente. Asegúrate de mantener un entorno feliz, ya que los conflictos con los padres y los problemas familiares añaden más estrés en su vida.

¿CUÁLES SON LAS REGLAS DE COMUNICACIÓN ADECUADAS PARA MI HIJO ADOLESCENTE? ¿HAY ALGO QUE DEBA EVITAR?

La buena comunicación ayuda a construir una relación, mientras que la mala comunicación puede dañarla. Unas buenas habilidades comunicativas ayudan a un progenitor a relacionarse mejor con su hijo adolescente, en un momento vital en el que muchas dificultades de comunicación y relación aparecen entre padres e hijos.

La comunicación es un proceso bidireccional. Los problemas suelen surgir cuando el que escucha o el que habla, o ambos, no comprenden el contenido o la intención de lo que se dice. Es útil que escuches sin ponerte a la defensiva y con paciencia, permitiendo que tu hijo comparta lo que quiere decir sin interrupciones. También es aconsejable hacer una escucha reflexiva al comunicarte con tu hijo para hacerle saber que lo valoras tanto a él como sus sentimientos, opiniones y pensamientos. Este tipo de comunicación os permitirá a ti y a tu hijo entender los puntos de vista del otro sin discutir.

La comunicación también implica elementos no verbales. A veces decimos algo, pero en realidad queremos decir otra cosa. Por ejemplo, cuando un adolescente enfadado le dice a sus padres «Os odio», en realidad puede querer decir: «No me gusta que me controléis y no me dejéis ir a la fiesta». En este caso, el adolescente no odia a sus padres, sino que le disgusta que le restrinjan su libertad. Si un padre o madre malinterpreta lo que el adolescente está diciendo en realidad y reacciona con enfado al arrebato del joven, la comunicación se convierte en una pelea, contexto en el que nadie acaba escuchando lo que realmente se desea comunicar. En una situación así, es mejor que los padres reconozcan los sentimientos del adolescente con calma y no entren en una discusión acalorada.

A continuación tienes algunos consejos para comunicarte con tu hijo o adolescente.

Muéstrale a tu hijo el respeto que merece

La consideración mutua y las buenas palabras son importantes para que una relación prospere y crezca. Trata a tu hijo con respeto y evita utilizar palabras hirientes o el sarcasmo cuando te comuniques con él. No le grites. Gritar y enfadarse no mejora la comunicación. En lugar de eso, intenta hablar sosegadamente con él. Tómate un descanso si estás muy enfadado y no puedes tratar el tema con calma. Habla cuando ambos estéis tranquilos y seáis más racionales.

Y, lo que es más importante, evita dar ejemplos de falta de respeto en casa o en público. También es recomendable no exagerar el mal comportamiento y etiquetar al niño por lo que ha cometido (por ejemplo, llamarlo «mentiroso» por mentir o «ladrón» por llevarse algo sin permiso). En su lugar, debes tratar su comportamiento negativo con él para que entienda por qué esa forma de actuar en concreto es inaceptable.

También es importante reconocer o elogiar adecuadamente lo que hace bien. Los padres han de esforzarse por mantener unas expectativas realistas y manejables respecto a su hijo.

Escúchalo

Déjalo hablar y escúchalo. A menudo, los padres interrumpen la conversación con su hijo cuando está intentando decir algo importante. Esto hace que el niño deje de comunicarse con sus padres. Entonces busca otras personas de apoyo, incluidos compañeros poco recomendables, que estén dispuestas a prestarle oídos, que lo escuchen y no lo juzguen.

Trata de comprender bien todo lo que te dice. Intenta leer entre líneas. Cuando un niño dice «No quiero ir al colegio», puede estar diciendo: «No puedo con las matemáticas; necesito ayuda, por favor». Es sumamente importante tomarse el tiempo necesario para analizar con el fin de comprender realmente lo que tu hijo te está diciendo.

Evita una forma de disciplina conflictiva o agresiva

La agresividad engendra agresividad, las palabras duras llaman a la severidad y el cuerpo y el espíritu pueden resultar heridos en el proceso. Ten en cuenta a tu hijo adolescente cuando se tomen decisiones o se establezcan normas en el hogar. No olvides que las normas y los límites deben ser apropiados y razonables. Implícalo en las conversaciones familiares para llegar a acuerdos razonables. Este proceso de debate hace que las normas familiares le resulten más lógicas y, por tanto, más fáciles de cumplir. Recuerda que algunas, como no fumar ni consumir drogas, no son negociables.

Evita discusiones innecesarias. Si tu hijo adolescente discute contigo, no te dejes arrastrar a una pelea acalorada e infructuosa. A veces, discutirá para afirmar su independencia. Por ejemplo, tu hijo de trece años quiere asistir a una fiesta con compañeros en los que no confías, por lo que has decidido no darle permiso. Reacciona enfadado y te dice: «¡Eres una mala persona!». En lugar de discutir con él, simplemente dile con calma: «Sé que estás enfadado y que piensas que soy mala persona. Pero no puedo permitir que vayas a una fiesta en la que va a haber drogas y alcohol». Tu hijo adolescente captará el mensaje de que no tiene sentido discutir sobre un tema no negociable y lo esperable es que se quede en casa. Si ves que os enzarzáis en una pelea, aléjate un momento para tranquilizarte.

Recuerda que las relaciones positivas entre padres e hijos se desarrollan a partir de interacciones positivas y no de interacciones negativas.

Da instrucciones claras y mensajes positivos
Haz que se te tome en serio, cumple tus promesas y da buen ejemplo. Si no quieres que tu hijo diga palabras malsonantes, no las digas delante de él. No te limites a decirle lo que no debe hacer: dale asimismo ejemplo con tus acciones.

Anímalo cuando haga algo bien o se esfuerce
A todos nos gusta que nos reconozcan el esfuerzo y nos animen. No dudes en alabarlo cuando tu hijo haga algo apropiado o se esfuerce.

Hazle comentarios constructivos
Cuando un adolescente hace algo mal, no hay que criticarlo, sobre todo en lo relacionado con su aspecto o carácter. Los adolescentes, que están intentando descubrir su identidad y formarse como adultos, son especialmente vulnerables a las críticas o al rechazo. No es sano emplear tácticas que tengan por objeto la crítica o hacerle pasar vergüenza. Evita co-

mentarios duros como estos: «Eres un inútil», «Nunca haces nada bien», «¿Por qué eres siempre tan inepto?».

En su lugar, céntrate en lo que debe hacer y dale un *feedback* constructivo. Si necesitas hablar con tu hijo adolescente sobre algo negativo, hazlo en privado, lejos de sus amigos u otras personas. Ofrécele sugerencias que lo ayuden a resolver sus problemas.

Hasta ahora hemos tratado de la disciplina en la educación de nuestros hijos. En las próximas secciones, analizaremos comportamientos problemáticos específicos que puede mostrar un niño y que requerirán una acción disciplinaria. Exploraremos cómo manejarlos de forma eficaz.

4

CÓMO MANEJAR LAS RABIETAS

Los comportamientos que se aprenden en la primera infancia, ya sean positivos o negativos, tienden a arraigarse y convertirse en la base de los rasgos y comportamientos adultos. Un niño exigente y poco dado a razonar tiene más probabilidades de convertirse en un adulto testarudo y difícil.

Por eso, los padres deben saber cómo manejar de manera eficaz las rabietas, antes de que algún rasgo indeseado se consolide. Las rabietas pueden crear tensiones en la relación entre padres e hijos y suscitar fácilmente respuestas negativas y potencialmente peligrosas por parte de los progenitores.

¿QUÉ SON LAS RABIETAS?

Son episodios en los que el niño se altera y entra en un estado caracterizado por algunas de las siguientes acciones: lloros, gritos de diverso tipo o pisotones. En ocasiones se revuelven por el suelo o llegan a contener la respiración, lo que puede asustar fácilmente al encargado de cuidar al niño. En las formas más graves, el menor puede dar patadas o lanzar objetos y golpear a quienes lo rodean. Una rabieta puede ser breve, de diez a veinte minutos, o durar varias horas.

¿CUÁNDO EMPIEZAN?

Las rabietas suelen empezar cuando el niño tiene unos doce meses, momento en que está aprendiendo a ser independiente, siente curiosidad por el mundo y quiere explorarlo con todos sus sentidos. En esta etapa, el niño puede mostrarse exigente, testarudo o poco colaborador.

Las rabietas suelen empeorar cuando el niño tiene entre dos y tres años. Si se gestionan bien, disminuyen a medida que se acerca a los cuatro años. Es importante aprender a gestionarlas de forma eficaz desde una etapa temprana. De lo contrario, se establecerá un patrón de rabietas que puede persistir hasta la adolescencia y la edad adulta. Sin duda, por el bienestar del niño, los padres deben ayudarlo a aprender a manejar adecuadamente su frustración e ira.

¿POR QUÉ LOS NIÑOS PEQUEÑOS TIENEN RABIETAS?

Los niños tienen rabietas cuando están frustrados o enfadados. Es su forma de expresar sus sentimientos negativos de enfado.

Los niños pueden frustrarse ante las siguientes situaciones:

- Cuando no se les permite hacer lo que quieren (como ver los dibujos animados después de la hora de acostarse).
- Si no se les da lo que quieren (al negarles un helado en un día frío, por ejemplo).
- Cuando las cosas no salen como ellos quieren (por

ejemplo, si el bloque de ladrillos de Lego que están intentando colocar se cae una y otra vez).

- Si se ven incapaces de realizar una tarea difícil (como atarse los cordones de los zapatos).
- Cuando no saben cómo expresar con palabras lo que quieren.
- Si están cansados o enfermos.

Los niños con temperamento suelen ser más propensos a las rabietas. Se trata de los menores que tienen un carácter fuerte, son más sensibles o se irritan con más facilidad. Se llevan peor con los cambios y tienden más a las rabietas que los niños alegres y tranquilos.

Los padres que ceden a las exigencias de su hijo cada vez que se desencadena una rabieta tienen más probabilidades de sufrir las consecuencias. Estos padres pueden acabar teniendo que convivir con un pequeño exigente y difícil que acabará manipulándolos con sus enfados.

No hay que olvidar que un niño que observa con frecuencia cómo los adultos pierden los estribos cuando están descontentos o enfadados es más propenso a enrabietarse cuando se siente contrariado. Esto se debe a que los padres, que son los primeros modelos de conducta de sus hijos, no muestran estrategias eficaces de gestión emocional.

¿CÓMO PUEDO GESTIONAR LAS RABIETAS DE FORMA EFICAZ?

Las rabietas pueden tratarse de varias maneras, dependiendo del motivo que las provoca, así como de la edad y el temperamento del niño, entre otros factores.

En primer lugar, averigua el motivo. Puede que tu hijo esté angustiado, cansado o asustado. Un abrazo reconfortante, unas palabras tranquilizadoras o una siesta pueden bastar para calmarlo. Si tiene una rabieta en público, puedes excusarte y volver con él a casa. Y, lo que es más importante, debes evitar prestarle una atención desmedida, ya sea de manera positiva o negativa.

Si la rabieta se produce porque al niño no se le permite hacer lo que quiere, como jugar con un juguete que tiene su hermano, puedes distraerlo enseñándole otro distinto.

A veces, razonar puede ayudar a calmar a un niño en medio de una rabieta. Puedes expresar con palabras los sentimientos de enfado o decepción de tu hijo. Esto lo ayudará a ver que lo comprendes. Por ejemplo, puedes decirle: «Parece que estás enfadado con Sue por no darte el juguete, ¿no? Cuéntame qué te pasa». Con esto, estás ayudando a tu hijo a ser consciente de su enfado, a etiquetar correctamente sus sentimientos y a expresarlos de forma adecuada a través de las palabras, y no mediante acciones negativas y agresivas. Incluso los adultos se sienten mejor cuando alguien se toma el tiempo de escuchar sus quejas. Lo mismo ocurre con los niños.

Si estás seguro de que tu hijo no está siendo razonable y tiene una rabieta solo para salirse con la suya, mantén la calma e ignóralo, sin alterarte, hasta que deje de llorar. Si la rabieta persiste, puedes llevarlo con tranquilidad a un rincón para que se calme. Mientras lo haces, dile con sosiego que podrá volver con sus amigos cuando se haya calmado.

No le grites ni lo llames «quejica» o «llorón», porque puedes enfadarlo, herirlo y agravar la situación. Disponer de un lugar para la reflexión, donde tu hijo pueda calmarse solo, suele ayudar.

¿SE PUEDEN PREVENIR LAS RABIETAS?

A veces, las rabietas pueden prevenirse o detenerse antes de que se conviertan en un berrinche en toda regla. Puede ser útil identificar los desencadenantes que han llevado a tu hijo a ponerse así. Puedes hacerlo observando lo que ocurre antes de que se desate la rabieta y probando cosas nuevas para evitarla. También puedes enseñarle a tu hijo a reconocer lo que se la provoca y ayudarlo a que lo afronte de forma útil.

Por ejemplo, un niño pequeño que intenta arrancar un cable eléctrico por curiosidad puede tener una rabieta cuando se le impide hacerlo. Para evitarlo, los padres deben mantener el objeto fuera de su alcance y de su vista. Así reducirán al mínimo el número de veces que tendrán que decirle que no lo toque. De esta forma se reducen los conflictos innecesarios en una edad en la que el niño intenta ser independiente y poner a prueba los límites de sus padres.

Otra forma de evitar una rabieta es desviar la atención del niño hacia un juguete interesante o hacerlo partícipe de otra actividad atrayente.

Un niño perfeccionista suele perder los nervios con más facilidad. Puede frustrarse cuando intenta hacer algo difícil y no lo consigue. Puedes ayudar a un niño así fijándole expectativas realistas y dándole tareas que estén dentro de sus posibilidades.

Por ejemplo, si tu hijo no es capaz de atarse los cordones y se frustra al intentarlo, déjale que utilice zapatos con cierre de velcro. También puedes decirle que a ti también te costaba atarte los cordones cuando tenías su edad y que al final lo conseguiste. Compartir tus propias experiencias con dificultades similares es mejor que enfadarte con tu hijo o menospreciarlo.

Imagina que tu hijo aún no está preparado para dibujar con lápices de colores. En ese caso consíguele ceras grandes para sus pequeñas manos, ya que esto lo ayudará a rebajar su frustración y su sensación de fracaso. También puedes animarlo con delicadeza explicándole que no pasa nada por fracasar a veces y que todos podemos aprender de los errores. Elógialo por los esfuerzos que haga, más que por el resultado, sobre todo si es sensible a los fracasos y las críticas.

Si te das cuenta de que tu hijo tiene una rabieta porque se siente desatendido o está ansioso por algo, analiza la causa. Las rabietas pueden remitir cuando se identifican los problemas subyacentes y se abordan correctamente. Esto significa dedicar tiempo a hablar y jugar con el niño, evitar centrarte solo en su rendimiento académico y ocuparte seriamente de sus necesidades emocionales de cariño, aceptación y atención.

Puntos clave para controlar las rabietas:
- Trata de evitarlas con antelación.
- Dedícale atención y elogia a tu hijo cuando se comporte bien.
- Ignóralo cuando tenga una rabieta, pero asegúrate de que no se ve comprometida la seguridad de nadie.
- Dile lo que quieres que haga y llévatelo a que reflexione durante unos minutos si sigue con la rabieta.
- Deja que se reincorpore a lo que estaba haciendo una vez que cese y evita regañarlo por el incidente.

5

GESTIONAR LOS PROBLEMAS CON LOS DEBERES

A menudo, los progenitores tienen dificultades para conseguir que sus hijos hagan los deberes; en consecuencia, se estresan y exasperan. En lugar de disfrutar de la relación con sus hijos y pasar tiempo de calidad con ellos, muchos progenitores sienten que su casa se ha convertido en un lugar donde se libran batallas constantes por causa de los deberes. En un hogar así, puede resultar extremadamente difícil construir una relación significativa con los hijos.

Muy a menudo, cuando el progenitor se siente frustrado e impotente ante la negativa de su hijo a hacer los deberes, recurre al castigo físico. Estos actos pueden resultar fácilmente nocivos. La mayor parte de los padres quieren y cuidan a sus hijos. Sin embargo, les pueden llegar a pegar pensando (erróneamente) que este método de disciplina funcionará.

Normalmente, estos padres no tienen intención de maltratar a sus hijos. La mayoría de ellos tienen buenas intenciones. Sin embargo, acaban haciéndoles daño, ya que no saben cómo manejar la batalla que supone reconducirlos por el buen camino sin recurrir a golpes o azotes.

Hacer los deberes no debe añadir presión o estrés alguno ni para el niño ni para los padres. Los padres deben animar a su hijo y ayudar a hacerlos, si es necesario. Es una oportunidad para que el niño comprenda las tareas escolares y reciba ayuda si no puede hacerlas solo.

Entonces, ¿cómo hacemos para que nuestros hijos desarrollen la disciplina y la motivación necesarias para afrontar las tareas escolares?

¿POR QUÉ TIENEN DIFICULTADES PARA HACER LOS DEBERES?

Antes de ayudar eficazmente a un niño a hacer lo que le hayan mandado, debemos conocer las razones por las que se puede negar. Veamos algunas de las más habituales.

Incapacidad para hacer el trabajo
Aunque los deberes de un niño suelen basarse en lo que se le ha enseñado durante las clases, habrá ocasiones en las que simplemente no sepa cómo hacer la tarea. Como adultos, nosotros también nos enfrentamos a esta situación en nuestra vida laboral.

Dificultades de aprendizaje
Algunos niños pueden tener dificultades de aprendizaje, ya sean de lectura —leves, moderadas o graves—, de escritura o matemáticas. Otros pueden tener una leve discapacidad intelectual. Negarse a hacer los deberes puede ser la forma que tiene el niño de afrontar esta dificultad o su miedo al fracaso. Este problema suele ser más acusado en los menores sensibles al fracaso y para quienes los logros académicos son importantes, especialmente si perciben que la aprobación o aceptación de sus padres depende de sus calificaciones académicas.

Mala gestión del tiempo

Hay niños que no empiezan o no terminan los deberes cuando deben porque no saben gestionarse. Tienden a posponer las tareas hasta el último momento y luego los han de terminar con prisas.

Los deberes son aburridos

Algunos niños consideran los deberes una tarea aburrida y prefieren hacer en su lugar cosas más interesantes, como jugar en el ordenador o ver la televisión. El problema se agrava cuando tienen poca supervisión parental o cuando sus padres son incapaces de ejercer un control razonable sobre ellos.

El niño con trastorno por déficit de atención

Los niños con trastorno por déficit de atención, con hiperactividad o sin ella, suelen presentar dificultades para estar tranquilos y concentrarse en los deberes. Tienen problemas para sentarse y ponerse manos a la obra, se abstraen con facilidad y pierden la capacidad de concentración. Para muchos de ellos, que además suelen ser desorganizados, todo esto es una tarea bastante tediosa.

Como resultado de su falta de atención y de concentración durante las clases en la escuela, es posible que no sepan cómo hacer las tareas. Por tanto, no es raro que un niño así se muestre reacio a hacer los deberes.

El niño desatendido o con problemas

En ocasiones, hay niños que no hacen los deberes a menos que se les llame la atención porque están acostumbrados a actuar de esta forma. Estos niños pueden sentirse desatendidos por sus padres y les es preferible recibir una atención negativa en forma de regañina que hacer las tareas sin necesidad de que les digan nada, lo que implicaría pasar desapercibidos.

Algunos pueden tener problemas en casa (peleas frecuentes de los padres, divorcio o enfermedad, abusos sexuales) o en el colegio (acoso escolar) y no sienten ganas de abordar las tareas escolares porque están deprimidos y no pueden concentrarse. Se trata en todo caso de procesos en los que el niño trata de llamar la atención de esta manera de una forma inconsciente.

¿CÓMO CONSEGUIR QUE HAGAN LOS DEBERES CON MENOS ESTRÉS?

Dales tiempo para relajarse después de clase

Igual que los adultos necesitan relajarse después de un duro día de trabajo en la oficina, un niño también necesita un descanso al volver del colegio. Deja que tu hijo coma y descanse un rato antes de pedirle que haga los deberes. Para un niño, los deberes son el equivalente de nuestro duro trabajo.

Reserva un momento y un lugar

Establece un horario para el trabajo diario. Los deberes deben hacerse después de que el niño haya descansado. Ahora bien, es preferible que los afronte antes que otras actividades, como jugar o ver la televisión.

Dile claramente que solo podrá ver la televisión o jugar después de haber terminado, al menos una parte razonable de la tarea, y que lo haga lo mejor que pueda. Sé firme con esta norma, aunque tu hijo se queje o tenga una rabieta. Si se niega a hacer los deberes y enciende la televisión, tienes que tomar las riendas de la situación. Apaga la televisión para que reciba el mensaje claro de que lo que dices va en serio.

Cuando empiece a hacerlos, hazle saber que está haciendo lo correcto y reconóceselo. Cuando haya terminado, puedes dejarle jugar o ver lo que quiera en la televisión.

Establece un lugar para que tu hijo trabaje, preferiblemente un sitio tranquilo donde las distracciones sean las mínimas posibles (normalmente una zona alejada del salón, donde se desarrollan las principales actividades familiares). Esto es especialmente importante si tu hijo tiene poca capacidad de atención.

Elogia su esfuerzo

Un niño puede necesitar tenerte cerca para que lo ayudes con los deberes. Anímalo a que intente hacerlos por sí mismo antes de darle tú las respuestas. Reconócele el esfuerzo que haga, independientemente de los resultados.

Por ejemplo, si tu hijo está intentando deletrear la palabra *hipopótamo* y la escribe sin hache, alábalo por haber acertado algunas letras y luego muéstrale cómo se escribe. No lo critiques, avergüences ni, mucho menos, le grites por cometer errores. Esto solo serviría para desanimarlo. Además, tu hijo asociaría hacer los deberes con momentos desagradables con sus padres.

Ofrécele algún tipo de recompensa

Recompensa a tu hijo por hacer los deberes. Aunque sería mejor que un niño hiciera las tareas por el beneficio intrínseco de hacerlas (es decir, porque ayuda a comprender mejor los contenidos, lo que luego se traduce en buenas notas), algunos niños, sobre todo los más pequeños, suelen necesitar recompensas tangibles que los motiven a hacerlas.

Las recompensas pueden variar de un niño a otro. Elige una que sea factible para poder cumplir la promesa. Cuando haya terminado una tarea, reconócele el esfuerzo y dale lo que le habías prometido. Si rompes tu promesa, tu hijo perderá la confianza en ti y puede que no coopere en el futuro.

Dependiendo de la edad del niño, puedes dividir los deberes y el tiempo para hacerlos en bloques de treinta o cuarenta y cinco minutos. Cuando termine bien un bloque de deberes, alábalo y recompénsale con un punto, una estrella o una pegatina. Después de un breve descanso, haz que trabaje en otro bloque de deberes durante los siguientes treinta o cuarenta y cinco minutos y dale otro punto, estrella o pegatina. Recuerda que la recompensa debe darse por el esfuerzo que tu hijo pone en hacer los deberes, más que por acertar las respuestas (ya que no siempre ocurrirá, pese al esfuerzo). También puede ir acumulando puntos para llegar a una recompensa al final de la semana.

Asegúrate siempre de que tu hijo no recibe la recompensa prevista antes de haber completado la tarea. Necesitarás la cooperación de otros miembros de la familia para asegurarte de que tu hijo no recibe las recompensas sin que tú lo sepas. Eso destruiría la dinámica de motivación.

Sea cual sea la tarea, asegúrate de que las expectativas que estableces para tu hijo son razonables. Por ejemplo, un niño de seis años no debe estar sentado más de veinte minutos. Si tu hijo tiene que hacer un montón de deberes, distribuye las recompensas. No sería razonable esperar que haga todos los deberes de una sola vez. Necesita tiempo para divertirse y descansar si se espera que trabaje bien como estudiante.

Un niño que se sienta y hace la mayor parte de los deberes de una sola vez puede ser recompensado con un capricho (por ejemplo, una hora de televisión más durante el fin de semana), en lugar de una estrella o pegatina, una vez que haya terminado su trabajo. Cuando tu hijo haya adquirido el hábito de hacer los deberes de forma rutinaria con el menor número de recordatorios, sigue motivándolo con elogios, aprobación y recompensas materiales, estas últimas solo de vez en cuando.

Garantiza un entorno familiar feliz

Dale a tu hijo mucho amor, cariño y atención. Combínalo con una disciplina adecuada. Un niño feliz es más capaz de concentrarse en su trabajo.

Asegúrate de que tú y tu cónyuge tenéis una buena relación. Incluso si hay algún conflicto, intenta resolverlo de la forma más sana posible. Un gran número de niños no van bien en la escuela o rinden por debajo de sus posibilidades cuando presencian continuamente peleas entre sus padres y temen que estos se hagan daño o se acaben separando.

Facilita la comunicación

Dedica tiempo de manera regular a comunicarte con tu hijo sobre lo que es importante para él o sobre aquello que le resulta interesante. Recuerda que hablar con tu hijo y comunicarte con él es un proceso bidireccional. Tienes que escuchar los sentimientos, ideas, opiniones y experiencias que quiera compartir contigo.

Mientras lo escuchas, demuéstrale que entiendes lo que dice prestándole atención y haciéndole comentarios que demuestren tu empatía hacia él, como «Ah, ¿sí? Parece que te sientes triste por lo que ha pasado». Esto lo animará a compartir contigo más cosas sobre lo que le pasa y lo que siente. Hazle saber que lo valoras y te preocupas por él. Estas interacciones positivas mejorarán la relación con tu hijo y te obedecerá más.

A veces, escuchar activamente implica guardar silencio y dejar que tu hijo hable. No lo interrumpas ni afees sus sentimientos o experiencias diciéndole cosas como «Oh, no, ¿cómo puedes ser tan estúpido para haber cometido un error así?». Un comentario de este tipo le hará sentirse mal (teniendo en cuenta que su ego ya estará herido por aquello que haya hecho) y lo disuadirá de querer seguir hablando contigo. La próxima vez, cuando intentes hablar con él, puede que tu hijo se limite a decir «No, todo va bien», cuando en realidad está sufriendo por dentro y desea tener a alguien con quien hablar.

¿QUÉ PROBLEMAS DE APRENDIZAJE, EMOCIONALES O PSICOLÓGICOS PUEDE TENER UN NIÑO?

A veces, un niño tiene dificultades para hacer los deberes debido a problemas subyacentes de aprendizaje, emocionales o psicológicos. En este caso, deberás buscar ayuda profesional para encontrar las soluciones más adecuadas.

A los niños con déficit de atención (con hiperactividad o sin ella) les cuesta estarse quietos y prestar atención a lo que hacen. Son impulsivos y se distraen con facilidad. Los padres y profesores de estos niños suelen quejarse de que les cuesta hacer los deberes. Estos niños necesitan aprender ciertas técnicas de comportamiento o incluso se les debe prescribir medicación para ayudarlos a hacer su trabajo.

Otros niños pueden tener otras dificultades, ya sean de lectura, escritura o cálculo. Si sospechas que tu hijo las presenta, somételo a una prueba y ponte en manos de quien pueda darle la ayuda adecuada. En la escuela y fuera de ella hay profesores y profesionales especializados que pueden tratar a tu hijo.

La capacidad de un niño para concentrarse en los deberes también puede verse obstaculizada por su estado emocional. Por ejemplo, si unos padres se pelean con frecuencia en casa, su hijo no podrá abordar debidamente las tareas escolares porque su mente está llena de preocupaciones. Una mente preocupada y un espíritu herido no pueden funcionar con eficacia.

Hay niños que presentan dificultades para hacer los deberes porque padecen algún tipo de discapacidad intelectual no diagnosticada. A estos niños les resulta difícil seguir el currículo escolar habitual y, por tanto, muestran problemas al hacer los deberes. Necesitarán por tanto un plan de estudios más sencillo que se adapte a sus necesidades y capacidades específicas.

Para actuar de manera adecuada con el niño, es importante reconocer estas causas subyacentes y tratarlas en consecuencia.

¿QUÉ OCURRE SI SE NIEGA A COOPERAR Y A REALIZAR SUS TAREAS ESCOLARES?

Si tu hijo se niega a cooperar, deja que afronte las consecuencias lógicas de su decisión. Hacerlo lo ayudará a aprender que es responsable de sus actos, sin dañar su autoestima. Por ejemplo, si tu hijo no hace los deberes como se espera, no debes permitirle que vea la televisión ni que juegue en el ordenador. Así de sencillo, sin discusiones ni negociaciones. La recompensa llega al realizar la tarea acordada, no antes. Y, si no se hace, no hay recompensa. He aquí otro ejemplo de consecuencia lógica. Un niño que no hace los deberes tendrá que atenerse a las consecuencias en la escuela al día siguiente. Puede que tenga que quedarse en clase durante el recreo o después de clase para completarlos. Los padres no deben ayudar al niño haciéndole los deberes o escribiendo una nota al profesor para excusarlo. Tampoco deben enfrentarse al profesor.

Estrategias eficaces para que hagan los deberes:
- Dale a tu hijo la oportunidad de relajarse.
- Procura que cuente con el tiempo necesario para que haga los deberes.
- Reserva un lugar adecuado para que trabaje.

- Recompénsalo por haberlos hecho.
- Deja que se enfrente a las consecuencias lógicas de sus decisiones.
- Garantiza un entorno familiar feliz, afectuoso y seguro.
- Trata de descartar otros problemas subyacentes de aprendizaje, emocionales o psicológicos que puedan contribuir a sus problemas de aprendizaje.

6

GESTIONAR LAS PELEAS Y LA AGRESIVIDAD

Una situación habitual en la que los padres tienen que intervenir rápidamente para imponer disciplina en casa es cuando los hermanos se pelean. Es una queja habitual de los padres que buscan ayuda para los problemas de comportamiento de sus hijos. También es una causa frecuente de estrés en el hogar.

¿POR QUÉ SE PELEAN LOS NIÑOS?

Al igual que los adultos, los niños se pelean cuando están descontentos o en desacuerdo con algo. Las peleas no deben fomentarse, ya que los menores pueden resultar heridos, a veces con consecuencias indeseadas. Si no se controlan, las peleas pueden convertirse en un grave problema para el niño y quienes lo rodean, y persistir hasta la adolescencia y la edad adulta. Tienen que aprender a resolver sus conflictos de forma no agresiva.

Algunas de las razones por las que los niños suelen pelearse son las siguientes:

- Las cosas no salen como ellos quieren, por lo que se frustran y se enfadan.
- No saben resolver los conflictos de manera pacífica.
- Son celosos o competitivos, especialmente con sus hermanos.
- Consiguen con más facilidad lo que quieren cuando son agresivos.
- Aprenden observando a los demás (padres y amigos) que la agresividad les da lo que quieren o que es la forma adecuada de expresar su rabia y frustración.

¿CÓMO PUEDEN LOS PADRES ANIMAR A SUS HIJOS A JUGAR DE FORMA COOPERATIVA?

Esto se enseña mejor cuando se relacionan entre compañeros o hermanos, momentos en que el niño tiene la oportunidad de practicar las habilidades sociales que sus padres le han enseñado.

Explica las normas
Dile a tu hijo que esperas que juegue de forma pacífica y cooperativa con sus amigos y hermanos. Esto significa que tiene que seguir una serie de normas sencillas, como compartir sus juguetes, turnarse para jugar, pedir permiso para tomar un juguete ajeno y no pegar. Explícale las ventajas de cooperar en los juegos.

Crea oportunidades de interacción
Los niños necesitan encontrar oportunidades para relacionarse con sus iguales a fin de desarrollar buenas habilidades sociales. Y tu tarea es facilitárselas. Para ayudar a tu hijo, puedes enseñarle algunas de las habilidades sociales que habrá de mostrar con sus compañeros o amigos. Por ejemplo,

cuando juegues con él a un juego de mesa, enséñale a esperar su turno y a ser amable, así como a manejar su decepción si pierde la partida.

Elogia los comportamientos positivos

Cuando veas a tu hijo jugar como se espera de él con sus amigos o hermanos, reconóceselo. En las primeras etapas de su educación, puedes recompensarlo con pegatinas o algo que le guste comer.

Muéstrale formas de resolver los problemas

Es útil que le enseñes a tu hijo a resolver los conflictos cuando juega con sus amigos. Si lo ves agarrar el juguete de una amiga suya, puedes decirle: «Johnny, pídele amablemente a Anne que te deje jugar con la pelota». O, si tu hijo se está enfadando con una niña por acaparar el columpio y muestra su frustración, puedes decirle: «Johnny, dile a Sharon con educación que ahora te toca a ti». Si ambos insisten en subir al columpio, sugiéreles que lo echen a suertes para decidir quién va primero, en lugar de pelearse por ello. Anímalos a turnarse y a seguir las normas adecuadas en los juegos que practiquen. Cuando los niños sigan tu consejo y jueguen amigablemente, hazles saber que te alegra ver que han resuelto el conflicto de forma amistosa.

Dale buen ejemplo

Muéstrale a tu hijo cómo resuelves tus propios conflictos con los demás (tu pareja, otros hijos o los vecinos) de forma positiva, por ejemplo, mediante la negociación, la escucha y el compromiso. No esperes que tu hijo resuelva sus conflictos de forma no agresiva si tú mismo no le das buen ejemplo de ello.

Fomenta el juego cooperativo
- Explica las normas.
- Crea oportunidades para que tu hijo interactúe con los demás.
- Elógialo cuando se comporte.
- Enséñale a resolver los problemas.
- Da buen ejemplo.

7

CÓMO AYUDAR A LOS NIÑOS QUE MIENTEN

Cuando los niños mienten, los padres y otros adultos de su entorno se enfadan y quieren corregirles ese mal hábito. Mentir afecta a la opinión que los padres tienen del niño y a su capacidad para confiar en él, y la confianza es importante en una relación padre-hijo. Mentir también afecta a lo que sus amigos y compañeros piensan de él.

Si se permite que un niño mienta, puede acabar acostumbrándose a hacerlo, lo que con probabilidad traerá consecuencias perjudiciales para él y los que lo rodean. Por ello, es importante saber qué hacer cuando se sorprende a un niño mintiendo.

¿POR QUÉ MIENTEN?

Los niños muy pequeños, aquellos que se encuentran en la etapa preoperacional, anterior a su alfabetización, tienden a contar historias falsas. La etapa se caracteriza por un pensamiento egocéntrico, concreto y mágico.

Es la edad en que los ositos de peluche hablan (el niño se lo cree de verdad, por eso personajes de cuentos como Winnie the Pooh y Los Tres Cerditos son tan populares entre los niños pequeños). Estos niños pueden mezclar la fantasía con la realidad y contar historias sin intención deliberada de mentir o engañar.

Sin embargo, a medida que se acercan a la edad escolar, son capaces de ver la diferencia entre fantasía y realidad, por lo que dejan de inventarse historias. También desarrollan gradualmente valores y comprenden que mentir está mal, pueden hacer que los castiguen y provocar la ira y la desaprobación de sus padres y de los demás.

La mentira se convierte en un problema si persiste incluso cuando el niño ya no tiene un pensamiento mágico y es consciente de que no dice la verdad. En este caso, miente para manipular o engañar a los demás.

Un niño puede mentir por las siguientes razones:

- Cuando quiere evitar las consecuencias de hacer algo que otros desaprueban o prohíben (por ejemplo, si afirma que no se ha tomado un helado porque sabe que se lo han prohibido).
- Para evitar el castigo por hacer algo mal (como cuando no dice la verdad tras romper un jarrón por miedo a ser castigado).
- A fin de evitar algo que no le gusta (para no hacer la tarea y, por ejemplo, ver la televisión en su lugar).
- Si se beneficia al hacerlo (si se libra de ser castigado cuando dice que no ha roto el jarrón, por ejemplo).
- Si dice la verdad y es castigado por ello (siguiendo con el ejemplo, si admite que ha roto el jarrón, pero recibe unos azotes pese a haber sido honesto).
- Si considera que mentir es una opción aceptable (cuando un niño ve a sus padres o a otros adultos mentir y salirse con la suya o beneficiarse de ello, podría seguir su ejemplo; así, los padres que mienten dan un mal ejemplo a sus hijos).

- Para llamar la atención y obtener aprobación de forma inconsciente (al mentir sobre lo que ha hecho o lo que puede hacer; es más probable que recurra a este tipo de mentiras jactanciosas si el niño tiene una baja autoestima y se aburre o se siente solo).
- Para proteger a otra persona (por ejemplo, mentir a alguien diciéndole que su peinado es bonito, pese a que no lo cree, para no herir sus sentimientos).

¿QUÉ DEBO HACER SI MI HIJO MIENTE?

Háblale de lo que te preocupan sus mentiras

Explícale que mentir no está bien y que quieres que deje de hacerlo. Dile que te enfadas, te sientes decepcionado y te entristeces cuando miente. Hazle saber que sus mentiras hacen que tú y los demás perdáis la confianza en sus palabras.

Es importante que le transmitas todo esto con calma para que te escuche bien. Gritarle no servirá más que para que se enfade y se ponga a la defensiva.

Descubre el verdadero motivo de la mentira

La mayoría de los niños no te dirán por qué han mentido. A veces, ni ellos mismos son plenamente conscientes de por qué lo han hecho. Aun así, es útil averiguar la causa subyacente para así poder ayudar al niño.

Tal vez tu hijo ha mentido sobre sus deberes porque no sabía cómo hacerlos y tenía miedo de pedirte ayuda. En este caso, tranquilízalo diciéndole que lo único que quieres es que se esfuerce al máximo. Asegúrale que no lo castigarás por no saber hacer los deberes, siempre que se haya esforzado al máximo. Cumple tu palabra.

A veces, un niño puede intentar defenderse y mentir es la forma de escapatoria que encuentra. No te pongas a discutir con él. Dile con calma que quieres que diga la verdad a partir de ese momento.

Adviértele de las consecuencias por mentir
Si tu hijo miente, deja que se enfrente a una consecuencia que le resulte desagradable y que lo disuada de volver a hacerlo. Ocúpate de la mentira antes de ocuparte del problema que ha hecho que tu hijo mienta. Y haz que se enfrente al problema y a las consecuencias de no haber dicho la verdad.

Tu hijo puede perder la oportunidad de hacer una actividad que le guste. Si mintió asegurando que no había roto el jarrón para librarse del castigo, puedes negarle algo que le hacía mucha ilusión, por ejemplo, una excursión a la playa. A continuación, decide otra consecuencia por haber roto el jarrón, como hacer que pague uno nuevo con el dinero que tiene en la hucha.

Cuando tu hijo sea sincero y no mienta, reconóceselo. Por ejemplo, si se ha comido algunas galletas a pesar de tenerlo prohibido y lo admite cuando se le pregunta, dile que ha hecho muy bien en ser honesto y luego explícale por qué le has prohibido comerlas (por ejemplo, porque le quitarán el apetito para la cena).

Una opción es redactar una especie de contrato en el que figure que tu hijo ganará puntos por decir la verdad y tendrá una pequeña multa (por ejemplo, de 10 céntimos) cada vez que mienta.

8

CÓMO AYUDAR A LOS NIÑOS QUE ROBAN

Robar está mal a cualquier edad y en cualquier circunstancia, pero especialmente si se vuelve un hábito. Implica pasar por alto los derechos de los demás y acaba volviéndose en contra de la persona que comete el robo: cuando la gente del entorno del niño se entera, se forma una opinión negativa sobre él y tenderá a desconfiar de él en el futuro. Por eso, es importante que los padres sepan cómo tratar y ayudar a un niño que roba.

¿POR QUÉ ROBAN LOS NIÑOS?

Veamos algunas de las razones habituales por las que un niño roba.

Por necesidad percibida o simplemente por codicia

Un niño puede ver un juguete o una cartera con dinero y desearlo tanto que acaba cediendo a la tentación y se lo queda. O puede robar algo que necesita porque su familia no puede permitírselo.

Presión de grupo

Esto suele ocurrir cuando sale en grupo y se le anima a robar algo de una tienda. Algunos niños pueden ceder a la presión de sus compañeros cuando se les plantea un reto. Esto es más probable en el caso del niño con baja autoestima y una mayor necesidad de aceptación por parte de sus compañeros. Los padres deben insistirle en la necesidad de decir no cuando sus compañeros lo animen a hacerlo. No sirve de nada que excusen al niño que roba y culpen a los amigos. En lugar de eso, los progenitores pueden hablar con el niño sobre cómo hacer frente a la presión grupal y a las tentaciones que se le presenten en el futuro.

Dificultades emocionales subyacentes

Hay ejemplos en la vida de adultos responsables y respetuosos con la ley que han robado en tiendas por estrés o depresión. Los niños estresados o preocupados por problemas personales o familiares pueden robar como forma de hacer frente a sus sentimientos negativos.

Percepción de abandono por parte de los padres

Un niño puede robar una vez y descubrir que su acción provoca una respuesta por parte de sus padres. Cuando los progenitores, enfadados y con gran pesar, reaccionan regañándolo o incluso azotándolo, el niño aprende de manera inconsciente que robar le reporta algún tipo de consideración. Un niño privado de atención puede preferir sin saberlo este tipo de reacción negativa a ser ignorado, que es lo que le ocurre cuando se porta bien.

Malos ejemplos

En ocasiones, los niños roban porque tienen modelos más que discutibles en su familia. Ha habido casos en los que un niño roba porque su padre o su madre también lo hacen. Por desgracia, en este contexto, el niño no ha recibido los mensajes adecuados sobre cuáles son los comportamientos sociales aceptables.

¿QUÉ HACER CUANDO UN NIÑO ROBA?

Cuando un niño es sorprendido haciendo algo mal, es un momento doloroso para él y para sus padres. Sin embargo, puede ser una buena ocasión de la que tanto el padre o la madre como el hijo pueden extraer valiosas lecciones.

Mantén la calma
No pierdas los nervios, ya que puedes sentir una gran tentación de enfadarte con el niño y descargar inmediatamente tu ira contra él. Esto puede llevar a un comportamiento peligroso que podría hacerle daño. Además, en caso de que se recurra a la violencia física, se le transmitiría al niño el mensaje erróneo de que se puede agredir a quien nos enfada.

Averigua qué ha hecho con lo que ha robado
Esto te ayudará a entender por qué ha robado. Es importante descubrir la motivación, para que puedas tomar medidas más eficaces.

Sin embargo, no es fácil sonsacarle al niño el motivo, sobre todo si le muestras tu enfado y le hablas en tono amenazador. No cabe duda de que debes mostrarle tu disgusto y desaprobación por lo que ha hecho, pero procura mantener la calma, escucha y averigua. Si te sientes incómodo manteniendo esta conversación con el niño, considera la posibilidad de pedirle a alguien de confianza, como su tía favorita o un orientador escolar, que hable con él.

Un niño tímido y solitario, que no tiene amigos, puede robar para hacerles regalos a otros con la esperanza de ganarse su amistad. Si es así, ese niño necesita ayuda para aprender a hacer y conservar amigos de otras maneras más adecuadas.

Un niño con baja autoestima puede robar para obtener objetos que codician quienes forman parte de su entorno con el fin de ganarse su atención y aprobación. Este niño necesita mejorar su autoestima y que se le enseñen mejores formas de ganarse la aceptación de sus compañeros. Debe saber que tiene que pedir ayuda a sus padres para conseguir lo que desea o ahorrar él mismo para comprárselo. Puedes hablarle sobre el orgullo que supone hacer el esfuerzo necesario para comprar un artículo con dinero propio. También ha de aprender la importancia de vivir dentro de las posibilidades de cada uno.

A veces, robar es el resultado de necesidades emocionales subyacentes o es una especie de grito de ayuda o llamada de atención. Si descubres que este es el motivo por el que tu hijo roba, intenta comprender y satisfacer sus necesidades de forma adecuada. A veces, prestar una atención más positiva al niño resuelve el problema. Esto implica pasar tiempo hablando con él, hacer una comida especial con él o jugar a sus juegos favoritos. Durante este tiempo especial, resiste la tentación de sermonearlo sobre sus deberes escolares o su mal comportamiento. Haz que sea una experiencia agradable que tu hijo desee repetir de vez en cuando.

Cuando sepas que se ha esforzado al máximo y ha conseguido resistir la tentación de robar, reconóceselo. Por ejemplo, si le has dejado dinero en la mesa y no lo ha agarrado, dile que aprecias que no lo haya hecho. Hazlo siempre que sea honesto en sus palabras y acciones. Esto lo animará a seguir por el buen camino.

Deja que afronte las consecuencias por su mal comportamiento

Esto le enviará al niño un mensaje claro: que no tolerarás que robe. La consecuencia que se le imponga dependerá de la situación concreta. He aquí algunos ejemplos:

- Si un niño ha robado dinero en casa y aún no lo ha gastado, quítaselo. En el futuro, no dejes dinero en el hogar para evitarle cualquier tentación de robar. Esto es más importante en las primeras etapas, cuando el menor puede carecer de la motivación necesaria para no robarlo o, pese a que tiene el deseo de dejar de hacerlo, su fuerza de voluntad es aún insuficiente.
- Si un niño ha robado dinero y se lo ha gastado, haz que te lo devuelva. Puedes obligarlo a pagarte cada día una parte de su propio dinero, hasta que le hayas descontado la cantidad total sustraída. También puedes descontar el importe de los ahorros que tenga en la hucha. Hagas lo que hagas, transmítele a tu hijo el claro mensaje de que robar afecta a los demás, es inaceptable y le trae consecuencias negativas inmediatas.
- Si tu hijo ha robado un artículo de una tienda, haz que lo devuelva al establecimiento. Puede que tengas que llevar personalmente a tu hijo para que devuelva el artículo robado o lo pague. Es una tarea incómoda y embarazosa tanto para el niño como para ti. Pero es una buena oportunidad para que asimile que su padre o madre desaprueba robar y que tomará medidas duras si lo hace, lo que le enseña el valor de ser honesto.
- Puedes obligar al niño a realizar una actividad que no le guste, escribir unas líneas o limpiar el baño, por

ejemplo. O dejarlo sin ir a la excursión familiar del fin de semana que tanto le gusta. Hay que explicarle que esas consecuencias son por haber robado, para que vea la relación entre una mala acción y su consecuencia negativa.

9

CÓMO AYUDAR A LOS NIÑOS IRASCIBLES

Es importante saber cómo ayudar a un niño que tiende a enfadarse con facilidad a controlar adecuadamente su mal genio. Esto forma parte de enseñarle lo que son las buenas habilidades sociales en la vida. Una persona irascible suele tener problemas en sus relaciones con los demás. En un ataque de ira, el niño puede herir a otros o causar daños materiales. Algunas personas tienen casi siempre mal genio, mientras que otras solo lo sacan a relucir cuando se las provoca. Esto depende del temperamento, la personalidad y la educación recibida. Como buenos padres, debemos enseñar a nuestros hijos a controlar el mal genio. Les ayudará a llegar muy lejos.

¿QUÉ HACE QUE UN NIÑO TENGA MAL GENIO?

Es posible que un niño que se enfada fácilmente no haya aprendido a gestionar la ira y sus frustraciones de forma constructiva. Se enoja cuando no puede salirse con la suya, cuando los demás hacen algo que le molesta (como cuando otro niño le agarra su juguete) o cuando no consigue lo que se propone (construir un coche con piezas de Lego como él quiere, por ejemplo).

En el caso del niño con baja autoestima, sus ataques de ira pueden desencadenarse por situaciones que atentan contra su autoestima.

Un niño también puede tener un bajo nivel de tolerancia. Una mayor o menor tolerancia viene determinada principalmente por el carácter innato, que responde a su sustrato genético. Algunos niños reaccionan con rapidez ante las situaciones, mientras que otros son más tranquilos y permanecen imperturbables en medio de un contexto de tensión. Un niño irascible tenderá a reaccionar rápida, furiosa e impulsivamente ante una situación tensa, en comparación con un niño más sosegado. Puede utilizar el enfado para conseguir lo que quiere. Esto es más probable si sabe, por experiencias anteriores, que sus padres cederán a sus demandas cuando monte en cólera. Cabe mencionar asimismo que un niño puede tener rabietas si se siente desatendido por sus padres y, sobre todo, si sus enfados ya han llamado la atención en el pasado.

Es posible que el menor haya aprendido a tener mal genio por imitación de otras personas, sobre todo de figuras familiares que tienden a perder los nervios cuando se enfadan.

CÓMO TRATAR A UN NIÑO IRASCIBLE

Mantén la calma
Aprende a manejar el enfado de tu hijo con calma y empatía. Si tú mismo pierdes el control, será difícil que le enseñes a tu hijo a manejar sus emociones de enfado de un modo adecuado.

Muestra empatía
Hazle saber a tu hijo que comprendes cómo se siente por lo que le ha ocurrido. Cuando veas que muestra signos de enfado, anímalo a hablar con comentarios que le inviten a la

reflexión; así le demostrarás que lo comprendes. Puedes decirle: «John, parece que estás enfadado con Mei porque no te ha prestado su libro. ¿Qué ha pasado?». Deja que hable de sus sentimientos de enfado y de aquello por lo que siente ira. Dale cierta importancia a la conversación, aunque te parezca que el asunto es trivial. Escucha a tu hijo antes de darle consejos. Así se sentirá mucho mejor y es más probable que atienda a lo que le digas.

Enseña a descargar la ira con seguridad

Lleva a tu hijo a un lugar tranquilo para que se calme. Puedes proponerle que respire hondo varias veces y cuente de veinte a cero, hasta que se le pase el enfado. Anímalo a descargar la ira golpeando una almohada, apretando una pelota antiestrés o saliendo a correr al parque. Puedes enseñarle a hacer afirmaciones de afrontamiento. Son palabras o frases que puede decir en voz alta o pensar para hacer frente al enfado. Puede decirse a sí mismo: «Alex, cálmate, no merece la pena enfadarse por esto».

HE OÍDO A ALGUNOS NIÑOS DECIR PALABROTAS. ¿POR QUÉ LO HACEN?

Una persona suele recurrir a las palabras malsonantes cuando está enfadada, frustrada o quiere herir a aquellos con los que está disgustada. Los niños las aprenden de sus familiares, vecinos o compañeros de estudio. Experimentan con las palabras que han oído decir a otros. Puede que lo intenten en el colegio con sus compañeros cuando están enfadados o para demostrar a los demás que son duros y que forman parte del grupo.

Siguen diciendo palabrotas si reciben atención y reacciones de los demás o si consiguen lo que quieren. Cada familia tiene sus propias normas sobre el tipo de lenguaje que permite a sus hijos. Tú tienes que decidir qué toleras y qué no en tu familia.

Aquí tienes algunas normas que puedes establecer con respecto a las palabrotas en el entorno familiar:

- Decide qué palabras no se aceptan. Hazle saber a tu hijo cuáles no debe utilizar en casa o fuera de ella y las razones por las que no están permitidas.
- Da buen ejemplo. Los niños aprenden principalmente de los adultos. Si no quieres que tu hijo diga palabras malsonantes, no las digas tú.
- Explícale las normas. Si oyes a tu hijo decir alguna palabra malsonante, habla con él cuando ambos estéis tranquilos. Explícale por qué no quieres que la diga y que quedará mal ante los demás si lo hace. Sugiérele palabras alternativas que pueda utilizar cuando esté enfadado. Por ejemplo, puedes decirle: «Alex, cuando te enfades, en vez de decir *mierda*, di *miércoles*».
- Cuando tu hijo siga tus consejos y no diga palabras malsonantes cuando esté enfadado, reconóceselo.

¿QUÉ DEBO HACER SI MI HIJO DICE PALABROTAS?

No le hagas caso

Ignorar a propósito es un buen método cuando oigas a un niño decir por primera vez una palabrota. Si tu hijo dice alguna, no le mires ni le hables. Es posible que deje de decirlas en ese momento, ya que no obtiene ninguna reacción por tu parte. Ahora bien, si no se detiene, habrá que probar otros métodos.

Enséñale lo que debe hacer

Cuando oigas a tu hijo decir palabrotas, trata de convencerlo para que deje de hacerlo enseñándole lo que es más adecuado. Por ejemplo, si tu hijo suele agarrar el juguete de su hermano y dice alguna palabrota cuando no le dejan hacerlo, indícale cómo debe comportarse. Dile: «Alex, pregúntale de buenas maneras a tu hermano si te presta el juguete. Si no te lo da y te enfadas, di "Estoy enfadado contigo" en vez de "Idiota"».

Háblale de las posibles consecuencias

Si tu hijo dice palabras malsonantes, puede que a sus amigos no les guste y eviten jugar con él. Dile que, si quiere que sus amigos jueguen con él, tiene que dejar de decirlas. La perspectiva de perder a sus amigos puede ser una poderosa motivación para que deje de hacerlo.

10

MALTRATO INFANTIL

Hasta ahora hemos visto por qué hay que disciplinar a un niño y cómo hacerlo con eficacia. No cabe duda de que una educación con disciplina eficaz requiere tiempo y esfuerzo. Y, ante todo, se espera que los padres amen a sus hijos de manera natural. Sin embargo, hay progenitores y otros encargados de la educación de los niños que maltratan a quienes tienen a su cargo, causándoles desde daños emocionales y psicológicos a discapacidades físicas permanentes o, en los casos más graves, la muerte.

A veces, el maltrato es el resultado del intento por parte de un adulto de disciplinar a un niño. Se trata de una forma de educación inadecuada, en la que se utilizan métodos que no corresponden. Por eso, es importante entender por qué se produce el maltrato infantil, ya que la línea que lo separa de formas de disciplina ineficaces es muy fina. En cambio, otras veces el maltrato es claramente intencionado, circunstancia que hay que investigar y a la que hay que ponerle fin.

¿QUÉ ES EL MALTRATO INFANTIL?

La situación de maltrato infantil se define como aquella en la que un adulto, normalmente el progenitor o el tutor al cargo de su cuidado, inflige deliberadamente lesiones físicas, emocionales o psicológicas a un niño. También se incluye la negligencia, cuando el cuidador no satisface de manera adecuada las necesidades básicas del niño en lo que se refiere a alimentación, ropa, alojamiento, cuidados y supervisión.

La definición de maltrato infantil difiere de una sociedad a otra. Lo que puede considerarse apropiado en algunas culturas, como azotar a un niño, puede tenerse por abusivo en otra. En un país pobre, el hecho de que los padres no puedan atender adecuadamente al niño debido a la carencia de medios puede ser comprensible. Sin embargo, ciertos comportamientos, como lanzar a un niño contra una pared, se consideran maltrato en todas las culturas.

¿CUÁLES SON LOS TIPOS DE MALTRATO INFANTIL?

Existen cuatro tipos principales de maltrato infantil:

- Físico (lesiones corporales infligidas deliberadamente a un niño).
- Emocional (ridiculización, críticas irracionales y reiteradas o un comportamiento degradante que afecta al bienestar emocional y social y al desarrollo de un niño).
- Abuso sexual (cuando un adulto utiliza a un niño para satisfacer su deseo sexual).
- Negligencia (cuando el encargado de la educación del niño no satisface adecuadamente sus necesidades bá-

sicas de alimentación, ropa, alojamiento, atención médica y supervisión).

MALTRATO FÍSICO

Para reconocer y prevenir el maltrato infantil, es importante saber cuáles son algunos de sus signos. Entre ellos figuran los siguientes:

- Lesiones en distintas fases de curación. El niño puede presentar hematomas y marcas de bastón —u otro objeto— de mayor o menor antigüedad, marcas de pellizcos o incluso de cigarrillos u otras quemaduras en el cuerpo.
- Lesiones por causas inexplicables. El agresor explica de forma inverosímil cómo se ha producido la lesión. Por ejemplo, un agresor que le ha hecho un corte intencionado en el dedo índice derecho de un niño puede explicar que este, pese a ser diestro, se ha cortado accidentalmente mientras pelaba una fruta.
- Lesiones repetidas. El agresor da versiones incoherentes de cómo el niño ha sufrido las lesiones.
- Retraso en acudir a un centro médico o evitar hacerlo. El maltratador puede temer ser descubierto si lo hace.
- Síntomas de comportamiento en el niño. Algunos niños muestran agresividad hacia los demás, se retraen o pierden interés por los estudios y las actividades de ocio debido a la depresión y el miedo que les causa el maltratador.

Maltrato emocional

El maltratador emocional niega al niño el amor y los cuidados afectivos. Además, el menor es constantemente sometido a humillaciones, críticas hirientes, situaciones que le hacen sentir vergüenza o aislamiento. Por ejemplo, un niño no deseado puede ser desatendido emocionalmente por sus padres y demostrársele que no es bienvenido en la familia. El maltrato emocional no deja cicatrices físicas, pero puede llegar a ser en algunos casos más perjudicial que el físico.

Abuso sexual

Una triste realidad es que hay adultos que utilizan a niños (incluso bebés) y adolescentes para satisfacer sus necesidades sexuales. La mayoría de las víctimas de abusos sexuales intentan mantenerlo en secreto y sufren en silencio por vergüenza, pudor y miedo al abusador y a que no les crean quienes los rodean. Muy comúnmente, el abusador silencia al niño con amenazas de hacerle daño a él o a los miembros de su familia. La mayoría de los casos de abuso sexual infantil implican a una mujer víctima y a un hombre adulto que ella conoce (familiar, amigo de la familia, vecino). Aunque, a veces, las víctimas son niños y las agresoras, mujeres adultas. Casi todos los maltratadores parecen personas corrientes y nada los distingue del resto en su forma de comportarse o relacionarse. Algunos pueden incluso parecer agradables y generosos; de esta forma se ganan la confianza de sus víctimas y de los adultos encargados de ellas. Este acercamiento a los menores es lo que se denomina con el término *grooming*.

El abuso sexual incluye distintos tipos de actos:

- Manoseo inapropiado del cuerpo del niño.
- Requerimientos para que el niño masturbe al adulto.
- Sexo oral, anal o vaginal.
- Exponer al niño a material pornográfico o a actividad sexual de adultos.

El abuso sexual puede haber sido un acontecimiento puntual traumático agudo con lesiones corporales evidentes, o bien un hecho repetido en el que se abusa durante un periodo prolongado de la víctima. Es posible que el agresor empiece tocando las partes íntimas del niño y, después, realizar gradualmente actos sexuales que incluyan prácticas más intrusivas, incluida la penetración.

Posibles signos de abuso sexual infantil
- Síntomas físicos, como dolor y sangrado en la zona vaginal o del pene por lesiones o infecciones, flujo vaginal anormal, alta frecuencia miccional o dolor al orinar o defecar. En algunos casos, los abusos sexuales solo salen a la luz cuando la víctima se queda embarazada.
- Cambios de tipo emocional, como aparición de miedos irracionales, pesadillas, alteraciones del sueño o del apetito, o comportamiento retraído o agresivo. Algunos niños pueden perder interés por la escuela y otras actividades de ocio o estallar en llantos repentinos.
- Cambios de comportamiento, como mostrar conductas sexualizadas inapropiadas para su edad hacia otros niños o adultos. Ocurre cuando, por ejemplo, una niña de cinco años víctima de abusos sexuales intenta introducir la pierna de una de sus muñecas en la vagina de alguna compañera de clase o se masturba frecuente y abiertamente, o si intenta acariciar a menudo los pechos de su madre. Algunos niños llegan a huir

del hogar donde se abusa de ellos y los adolescentes pueden iniciar relaciones sexuales a una edad temprana o de manera obsesiva.

Efectos de los abusos sexuales en el niño

Cuando un niño sufre abusos sexuales, pueden producirse efectos de gran impacto y crónicos. Pueden ser graves y afectar a la adaptación y el bienestar emocional, psicológico y sexual de la víctima. Algunos de los efectos pueden aparecer inmediatamente o poco después de que hayan abusado del menor. Otros surgen semanas, meses o incluso años después de la agresión.

Los efectos agudos incluyen miedos irracionales, ataques de llanto, pesadillas, pérdida de apetito, trastornos del sueño, ira e irritabilidad, agresividad, autolesiones o pérdida de interés por las tareas escolares.

ESTUDIO DE CASO

Hui Ling, de nueve años, empezó a tener trastornos del sueño por la noche. A menudo se despertaba gritando en medio de una pesadilla. Había sido una niña brillante, pero sus notas comenzaron a resentirse y se empezó a mostrar retraída, irritable y temerosa de su tío Heng. Lo evitaba siempre que este visitaba a la familia en casa. Hasta entonces, Hui Ling había sido una niña activa, llena de iniciativa y valiente que adoraba a su tío y pasaba mucho tiempo a solas con él.

Cuando Hui Ling acudió a terapia, se le dedicó un tiempo a analizar todo aquello que la preocupaba. Hizo una serie de dibujos con un gran monstruo que perseguía a una niña indefensa y jugó con unas muñecas de manera peculiar: hacía que las muñecas se tocaran sus partes íntimas y se dieran besos en la boca. Hui Ling reveló más tarde que su tío había abusado sexualmente de ella. Tras la confesión, se tomaron medidas para protegerla y, poco a poco, volvió a ser una niña feliz y activa.

Los efectos crónicos del abuso sexual infantil incluyen depresión y baja autoestima, ya que la víctima puede crecer pensando que es culpable y mala persona por provocar el abuso. A menudo, el agresor, la familia y la sociedad culpan a la propia víctima de los abusos. Tratada como si fuera una especie de mercancía dañada, la víctima siente vergüenza y culpa.

Algunas víctimas también pueden sufrir las siguientes consecuencias:

- Tienen dificultades para establecer relaciones, ya que les cuesta confiar en los demás e interactuar con ellos después de que un adulto importante en su vida haya roto el vínculo de confianza.
- Son promiscuas o muestran falta de interés por los demás, incluidos los miembros del sexo que les atraen.
- Tienen dificultades en la edad adulta en las cuestiones relacionadas con la sexualidad, como falta de interés por las relaciones sexuales, frigidez o impotencia sexual.
- Crían inadecuadamente a sus propios hijos; hay un mayor riesgo de que lleguen a abusar sexualmente de ellos.
- Sufren depresión y se autolesionan o intentan suicidarse.
- Desarrollan sentimientos de culpa y baja autoestima.

- Desarrollan un trastorno de estrés postraumático (ansiedad crónica, sensación continua de calamidad inminente, irritabilidad, agresividad, *flashbacks* y pesadillas recurrentes, recuerdos repetitivos del abuso, evitación fóbica y sensación de pánico o ansiedad ante personas, lugares o situaciones que les recuerdan los abusos, periodos de amnesia o sensación de embotamiento).
- Desarrollan un trastorno alimentario, un trastorno de personalidad múltiple o rasgos de personalidad límite.
- Consumen drogas o alcohol para adormecer el dolor psicológico y posibles adicciones.

El impacto del abuso sexual depende de factores como la duración y gravedad de los hechos, los rasgos del temperamento del niño, el papel de la familia antes y después del abuso y la naturaleza de la relación de la víctima con el abusador. Por lo general, el abuso sexual en el seno familiar es el más perjudicial, ya que el niño se siente traicionado por alguien que debería haberlo protegido. Los actos sexuales con penetración y amenazas de daño o cuando también se le agrede a la víctima para amedrentarla son también de los más dañinos. El abuso prolongado puede hacer que el niño se sienta atrapado, indefenso, impotente y erosionar su amor propio. Cuando los miembros de la familia del niño no lo creen, lo rechazan o incluso lo culpan de lo sucedido, el impacto potencial sobre el niño es aún mayor.

¿CUÁLES SON LAS CAUSAS DE QUE UN ADULTO MALTRATE A UN NIÑO?

Existen tres tipos principales de factores: parentales, infantiles y, por último, sociales y familiares.

Factores parentales

Por lo general, los padres que maltratan a sus hijos padecen diversos problemas. Los que presentan mayor riesgo de maltratarlos suelen mostrar dificultades de personalidad (temperamento antisocial o explosivo), adicción al alcohol u otro tipo de sustancias, enfermedad mental (depresión, psicosis o trastornos de ansiedad), un pasado de maltratos en su propia infancia, altos niveles de estrés (por problemas laborales o conyugales que les hacen ser más irascibles y propensos al maltrato) o expectativas poco realistas de los padres (se vuelven unos maltratadores cuando sus hijos no cumplen las expectativas que tenían depositadas en ellos).

Factores infantiles

Aunque nunca se puede culpar a un niño del comportamiento maltratador de un adulto, hay ciertos tipos de menores cuyo temperamento los hace más vulnerables de sufrir maltrato. Entre ellos están los de carácter difícil (exigentes, que lloran con facilidad), los hiperactivos que presentan problemas de conducta, los que tienen algún tipo de discapacidad mental o física, aquellos cuyos padres no consiguen establecer un vínculo afectivo (puede deberse a una separación prolongada del niño) o los niños tímidos y apocados.

Factores sociales y familiares

Cuando una familia carece de una red de apoyo o tiene que luchar sola contra múltiples dificultades, como la pobreza, el desempleo, un hogar en malas condiciones, los conflictos conyugales, la adicción al alcohol u otras sustancias de los progenitores, es probable que haya más estrés y, por tanto, mayor tendencia al maltrato.

¿QUÉ PUEDEN HACER LOS PADRES PARA PREVENIR LOS MALOS TRATOS?

Dado que los malos tratos en la infancia tienen efectos nocivos a corto y largo plazo, es importante tratar de prevenirlos, detectarlos cuando tienen lugar y ayudar a quienes los sufren. Los padres pueden prevenirlos de varias maneras.

Recurre a medios de disciplina no punitivos

Los padres deben ser conscientes de que, si no tienen cuidado, pueden acabar fácilmente maltratando a su hijo mediante métodos disciplinarios ineficaces y coercitivos. Han de aprender a educar a sus hijos mediante métodos disciplinarios no punitivos. Además de leer libros sobre crianza, los padres también deberían atender al contenido de programas de radio y televisión sobre el tema y asistir a charlas impartidas por expertos en desarrollo infantil.

Aprende a lidiar con tu propio estrés

Los padres estresados pueden convertirse fácilmente en maltratadores debido a las múltiples exigencias de la crianza, el cuidado de los propios padres ancianos y el trabajo, todo ello unido a otros problemas domésticos. Deben cuidar su salud física y emocional, así como la salud de la relación con su pareja. Los padres deben buscar ayuda si no pueden arreglárselas solos. No hay nada de lo que avergonzarse si se pide ayuda a un profesional cualificado.

Los padres deben evitar usar la violencia con sus hijos en un ataque de ira. Si se dan cuenta de que están perdiendo el control y corren el riesgo de pegarles, lo recomendable es alejarse del lugar y reflexionar. Los padres deben proporcionar amor incondicional a sus hijos y recordar que estos tienen una voz que necesita ser escuchada y respetada, y sentimientos que pueden acabar heridos.

Aprende cuáles son las etapas de desarrollo del niño

Los padres que conocen bien las distintas etapas por las que pasan los niños ajustan mejor sus métodos disciplinarios y las expectativas que tienen de ellos. Estos padres son menos propensos a utilizar métodos disciplinarios severos que puedan acabar hiriéndolos.

Enséñale a tu hijo a protegerse de los malos tratos

Para prevenir los abusos sexuales en concreto, enséñale a tu hijo a distinguir entre lo que se consideran contactos aceptables que puedan recibir, como un apretón de manos o una caricia afectuosa sin más, de los tocamientos, que deben evitar, como los que implican las partes íntimas del niño o del adulto.

Enséñale a tu hijo qué debe hacer cuando sea víctima de tocamientos. Ha de tener claro que debe informar inmediatamente a un adulto de confianza del comportamiento inapropiado, aunque el agresor le haya advertido de que no lo haga. Tu hijo tiene que evitar irse con ningún desconocido. A pesar de esto, bastantes niños a los que se ha enseñado la diferencia entre contactos aceptables y tocamientos se sienten indefensos y callan ante una situación de abuso sexual. La diferencia de poder entre el agresor y el niño, la sensación de vergüenza e impotencia y las amenazas del adulto pueden intimidar y silenciar fácilmente al niño.

Como progenitor, no dejes a tu hijo con nadie que no conozcas bien. Si se niega a visitar a alguien y llora cuando lo obligan a hacerlo, comprueba si existe algún indicio y toma medidas si es necesario. Hazle caso si se queja o advierte sobre malos tratos y no lo asumas de primeras como una mentira o producto de la imaginación del niño.

Aunque los malos tratos en la infancia aumentan la probabilidad de que la víctima se convierta en un adulto maltratador, hay muchos casos en los que se acaba convirtiendo en un superviviente y llega a ser un adulto no maltratador y bien adaptado.

NEGLIGENCIA INFANTIL

Por negligencia infantil se entiende el hecho de que un progenitor o cualquier otro adulto al cargo no proporcione a un niño alimentos, ropa, cobijo, seguridad, supervisión o atención médica a pesar de que tenga capacidad y medios para hacerlo. Como resultado, el niño puede sufrir daños en su desarrollo físico, emocional o social, e incluso una discapacidad permanente; en casos extremos, incluso la muerte. La negligencia es más común que el maltrato infantil y es una causa importante de morbilidad y mortalidad. Puede ser de naturaleza física, educativa o emocional.

Negligencia física

Tiene lugar cuando el cuidador no satisface las necesidades físicas básicas del niño, como una alimentación segura y adecuada, ropa, cobijo y atención médica. Los niños desatendidos de esta forma pueden estar sucios, desprender un olor desagradable por falta de higiene, carecer de ropa adecuada, tener afecciones médicas o dentales no tratadas, sufrir desnutrición, mostrar problemas de desarrollo que se reflejen en un peso o estatura escasos, lesiones frecuentes por la ausencia de supervisión por parte de los adultos y retrasos en la consecución de determinadas habilidades, como las lingüísticas o para comenzar a dar los primeros pasos. Algunos de estos niños quedan abandonados sin supervisión por parte de sus padres en el hogar o se ven obligados a mendigar en la calle para cubrir sus necesidades.

Negligencia emocional

Esta forma de negligencia tiene lugar cuando el cuidador no proporciona al niño amor, calor, cariño, estímulo, supervisión y apoyo. Un niño que sufre estas carencias puede acabar teniendo problemas emocionales, escasas habilidades sociales e incluso un crecimiento y desarrollo físico deficientes.

Negligencia educativa

La desatención educativa alude a la situación en la que un cuidador no le proporciona al niño las oportunidades educativas adecuadas. Estos niños pueden no asistir en absoluto al centro escolar o se les permite ausentarse largos periodos sin motivo alguno.

¿DÓNDE ENCONTRAR AYUDA?

Hoy en día, en casi todos los países el maltrato infantil está perseguido por la ley y existen organismos, tanto gubernamentales como no gubernamentales, que se esfuerzan de forma activa por proteger a los niños del maltrato y los abusos. Estos organismos actúan como defensores para promover el bienestar del niño y trabajan con los padres o tutores legales que necesitan orientación, apoyo y ayuda práctica en cuestiones de crianza.

LUGARES DONDE PADRES E HIJOS PUEDAN OBTENER AYUDA

ARGENTINA
Dispositivo de Protección de Políticas de la Infancia
Ministerio de Salud
Teléfono: (54-11) 4306-7584 int. 1189
proteccionpoliticasinfancia@hospitalbonaparte.gob.ar

COLOMBIA
Instituto Colombiano de Bienestar Familiar (ICBF)
https://www.icbf.gov.co/
Línea gratuita nacional ICBF: 018000 91 80 80
Diferentes puntos de atención:
https://www.icbf.gov.co/puntos-atencion

Protección a la Infancia y la Adolescencia
(Policía Nacional)
https://www.policia.gov.co/proteccion-infancia
018000 – 910600

ESPAÑA
Federación de Asociaciones para la Prevención del
Maltrato Infantil (FAPMI)
https://bienestaryproteccioninfantil.es/
Calle de las Delicias, 8
28045 Madrid
91 468 26 62
info@bienestaryproteccioninfantil.es

UNICEF
https://www.unicef.es
Calle Mauricio Legendre, 36
28046 Madrid
91 378 95 55
unicef@unicef.es

OBSERVATORIO DE LA INFANCIA
https://observatoriodelainfancia.mdsocialesa2030.gob.es/
infanciaEspana/home.htm
Ministerio de Derechos Sociales

Direcció General d'Atenció a la Infància
i l'Adolescència
Avinguda del Paral·lel, 52
08001 Barcelona
93 483 10 00
dgaia.dretssocials@gencat.cat
https://dretssocials.gencat.cat/

MÉXICO
Sistema Nacional de Protección de Niñas, Niños
y Adolescentes
https://www.gob.mx/sipinna

URUGUAY
Sistema de Protección de la Primera Infancia
https://www.gub.uy/proteccion-y-bienestar-social-
primera-infancia
info@atencionalaciudadania.gub.uy
0800 INFO (4636)
*463 para celulares

VENEZUELA
Fundana
Av. Río de Janeiro, «Las Villas de los Chiquiticos»,
Caurimare, Caracas
info@fundana.org
+58-212-2575670 / 2579110

OTROS TÍTULOS DE INTERÉS

Cómo sobrevivir al caos mental

Inés C. Lemmel

ISBN: **9788497355452**
Págs: **160**

En el mundo actual, parece haberse instalado la costumbre de creer que la culpa de lo que nos pasa está fuera de nuestro cuerpo y de nuestra mente, que son los demás quienes provocan nuestro caos mental. Nada más lejos de la realidad. Para subsanar este error, este libro te dotará de una serie de herramientas que te ayudarán a cambiar dicha percepción y hará que descubras (si eres valiente) que la responsabilidad de tu bienestar depende única y exclusivamente de ti.

El zen y el arte de cómo lidiar con personas difíciles

Mark Westmoquette

ISBN: **9788497355575**
Págs: **208**

Este libro es una guía única para hacer frente a personas problemáticas y desafiantes mediante herramientas prácticas de la filosofía zen y el mindfulness. Ayuda a los lectores a explorar sus reacciones, a liberarse de los patrones de respuesta instintivos y a ver si estas personas conflictivas con las que se cruzan en casa, en el trabajo o entre su grupo de amistades pueden llegar a serles útiles para aprender algo de sí mismos.

www.amateditorial.com